I0538466

BESTACTIVITYBOOKS.COM

PRIMA EDIZIONE 2022

Illustrazione Grafica Extra: www.freepik.com
Grazie a Alekksall, Starline, Pch.vector, Rawpixel.com, Vectorpocket, Dgim-studio, Upklyak, Macrovector, Stockgiu, Pikisuperstar & Freepik.com Designers

Scoprire i Giochi Gratuiti Online

Disponibile Qui:

BestActivityBooks.com/FREEGAMES

5 CONSIGLI PER INIZIARE

1) COME RISOLVERE LE PAROLE INTRECCIATTE

I puzzle hanno un formato classico:

- Le parole sono nascoste senza spazi o trattini,...
- Orientamento: Le parole possono essere scritte in avanti, indietro, verso l'alto, verso il basso o in diagonale (possono essere invertite).
- Le parole possono sovrapporsi o intersecarsi.

2) APPRENDIMENTO ATTIVO

Accanto ad ogni parola c'è uno spazio per scrivere la traduzione. Per incoraggiare l'apprendimento attivo, un **DIZIONARIO** alla fine di questa edizione vi permetterà di controllare e ampliare le vostre conoscenze. Cerca e scrivi le traduzioni, trovale nel puzzle e aggiungile al tuo vocabolario!

3) SEGNARE LE PAROLE

Puoi inventare il tuo sistema di segni. Forse ne usi già uno? Per esempio, puoi segnare le parole difficili da trovare con una croce, le parole preferite con una stella, le parole nuove con un triangolo, le parole rare con un diamante, e così via.

4) STRUTTURARE L'APPRENDIMENTO

Questa edizione offre un **TACCUINO** alla fine del libro. In vacanza, in viaggio o a casa, puoi organizzare facilmente le tue nuove conoscenze senza bisogno di un secondo quaderno!

5) AVETE FINITO TUTTE LE GRIGLIE?

Nelle ultime pagine di questo libro, nella sezione della **SFIDA FINALE**, troverete un gioco gratuito!

Facile e veloce! Dai un'occhiata alla nostra collezione di libri di attività per il tuo prossimo momento di divertimento e **apprendimento,** a portata di clic!

Trova la tua prossima sfida su:

BestActivityBooks.com/MioProssimoLibro

Ai vostri posti, pronti...Via!

Sapevi che ci sono circa 7.000 lingue diverse nel mondo? Le parole sono preziose.

Amiamo le lingue e abbiamo lavorato duramente per creare libri di altissima qualità. I nostri ingredienti?

Una selezione di argomenti adatti all'apprendimento, tre buone porzioni di intrattenimento, una cucchiaiata di parole difficili e una spolverata di parole rare. Li serviamo con amore e entusiasmo in modo che tu possa risolvere i migliori giochi di parole e divertirti imparando!

La vostra opinione è essenziale. Puoi partecipare attivamente al successo di questo libro lasciandoci un commento. Ci piacerebbe sapere cosa ti è piaciuto di più di questa edizione.

Ecco un link veloce alla pagina dell'ordine:

BestBooksActivity.com/Recensione50

Grazie per il vostro aiuto e buon divertimento!

Tutta la squadra

1 - Scacchi

H	L	A	R	K	D	G	M	W	Y	D	M	F	U	P
Y	H	O	E	U	J	I	E	E	U	D	Ä	M	Q	A
P	I	D	E	N	I	Z	A	E	I	D	N	M	G	S
A	P	Y	G	I	A	A	N	G	D	S	G	U	A	S
V	L	U	L	N	Y	E	N	L	O	S	T	C	W	I
T	A	O	I	G	I	G	A	A	U	N	K	E	U	I
U	J	S	D	A	B	K	G	V	W	H	A	Y	R	V
R	I	P	T	S	P	U	N	K	T	I	D	A	I	N
N	G	J	S	A	C	M	I	R	E	V	H	O	L	E
I	N	V	U	K	N	N	N	A	W	B	O	R	T	Z
I	Ä	B	M	M	A	E	U	T	L	M	C	L	I	P
R	M	G	F	Q	N	E	K	H	C	G	S	Z	D	M
S	T	R	A	T	E	E	G	I	A	V	Y	K	V	G
V	Õ	I	S	T	L	U	S	C	A	I	U	V	I	K
V	Ä	L	J	A	K	U	T	S	E	D	M	J	Z	S

VASTANE
VALGE
MEISTER
VÕISTLUS
DIAGONAAL
MÄNGIJA
MÄNG
TARK
MUST
PASSIIVNE
PUNKTID
KUNINGAS
KUNINGANNA
REEGLID
OHVER
VÄLJAKUTSED
STRATEEGIA
AEG
TURNIIR

2 - Salute e Benessere #2

D	E	D	L	I	V	V	O	K	Z	L	S	U	H	K
E	A	K	I	T	E	E	N	E	G	D	M	H	D	R
H	U	A	Z	D	O	I	G	M	E	C	I	R	E	V
Ü	G	L	R	J	A	I	G	R	E	N	E	E	U	Z
D	F	G	M	R	Y	T	T	T	W	I	N	B	E	H
R	E	I	L	A	C	K	E	U	O	L	Y	P	W	T
A	Ž	A	A	S	S	A	M	R	M	E	M	Z	Q	P
T	B	H	A	W	L	A	L	T	V	I	K	B	H	N
S	U	G	I	A	H	L	R	O	U	I	N	I	I	O
I	A	N	A	T	O	O	M	I	A	S	S	E	E	S
O	K	A	L	O	R	S	U	S	E	G	A	L	R	U
O	A	L	L	E	R	G	I	A	V	A	G	D	I	K
N	I	A	H	Ü	G	I	E	E	N	L	J	V	Y	K
F	S	V	I	T	A	M	I	I	N	K	E	H	A	A
G	U	S	E	E	D	I	M	I	N	E	N	Y	N	N

ALLERGIA
ANATOOMIA
ISU
KALORSUSEGA
KEHA
DIEET
SEEDIMINE
DEHÜDRATSIOON
ENERGIA
GENEETIKA
HÜGIEEN
NAKKUS
HAIGUS
MASSAAŽ
TOITUMINE
HAIGLA
KAAL
VERI
TERVISLIK
VITAMIIN

3 - Aggettivi #2

T	P	F	N	H	U	V	I	T	A	V	G	T	G	A
E	E	R	N	Ä	F	R	W	F	P	E	Z	L	A	U
N	L	D	O	E	L	K	I	L	S	I	V	R	E	T
I	L	E	C	D	S	J	Y	Q	E	I	S	M	L	E
L	O	S	G	V	U	L	A	C	W	K	U	I	V	N
A	O	O	E	A	U	K	Z	N	B	N	G	W	C	T
V	D	O	Y	D	N	R	T	E	E	I	A	R	G	N
A	U	L	O	L	R	T	K	I	B	W	M	L	D	E
T	S	A	J	E	I	Y	N	G	I	T	U	G	E	V
H	L	N	B	J	G	T	Q	E	N	V	F	F	U	C
S	I	E	P	R	K	U	U	L	U	S	N	B	H	H
S	K	K	H	I	P	U	H	A	S	U	C	E	K	O
R	S	D	O	K	V	A	S	T	U	T	A	V	E	U
D	R	A	M	A	A	T	I	L	I	N	E	P	O	H
L	O	O	M	I	N	G	U	L	I	N	E	R	T	B

NÄLJANE
KUIV
AUTENTNE
LOOMINGULINE
KIRJELDAV
MAGUS
DRAMAATILINE
ELEGANTNE
KUULUS
TUGEV
HUVITAV
LOODUSLIK
TAVALINE
UUS
UHKE
PRODUKTIIVNE
PUHAS
VASTUTAV
SOOLANE
TERVISLIK

4 - Ingegneria

B	N	N	Y	D	Y	D	B	L	S	R	G	E	L	T
T	S	Ü	G	A	V	U	S	Q	T	O	K	H	E	U
M	Õ	K	K	Q	O	J	P	M	A	T	Ä	I	V	G
M	T	Õ	E	E	S	V	B	B	B	A	I	T	I	E
T	O	C	M	D	T	F	C	G	I	T	K	U	T	V
I	G	O	D	I	I	S	E	L	I	S	H	S	A	U
P	F	D	T	I	B	S	J	E	L	I	A	N	M	S
N	B	W	P	O	Q	Ä	Z	T	S	O	R	P	I	E
I	N	G	E	Y	R	C	L	H	U	O	V	O	N	S
V	E	D	E	L	I	K	K	L	S	N	U	O	E	W
Y	B	E	N	I	M	T	Õ	Õ	M	I	T	L	G	S
I	G	T	U	J	N	A	E	T	U	V	U	T	M	N
S	K	E	E	M	H	H	S	A	S	V	S	F	S	U
Z	S	J	H	Z	N	S	A	I	G	R	E	N	E	R
S	T	R	U	K	T	U	U	R	N	T	K	N	I	K

NURK
TELG
ARVUTUS
EHITUS
SKEEM
LÄBIMÕÕT
DIISEL
LEVITAMINE
ENERGIA
TUGEVUS

KÄIK
VEDELIK
MASIN
MÕÕTMINE
MOOTOR
SÜGAVUS
POOLT
ROTATSIOONI
STABIILSUS
STRUKTUUR

5 - Archeologia

P	T	O	Z	U	D	A	M	H	A	P	A	A	A	T
J	R	C	B	Y	R	J	T	Q	A	G	P	L	J	E
Ä	E	O	Y	J	T	B	Z	E	U	U	M	T	A	A
R	P	M	F	L	E	P	M	E	T	T	D	P	S	D
E	S	E	T	E	I	K	Q	I	M	A	N	J	T	L
L	K	E	W	I	S	D	T	Q	K	M	O	A	U	A
T	E	L	D	J	L	S	N	I	Q	D	K	N	H	N
U	E	L	I	I	S	S	O	F	D	N	S	A	I	E
L	I	I	D	N	E	H	I	R	G	U	E	L	N	P
I	M	Õ	I	S	T	A	T	U	S	T	E	Ü	D	R
J	K	E	R	A	A	M	I	K	A	U	M	Ü	A	R
A	A	N	T	I	I	K	A	J	A	S	T	S	M	Q
R	E	L	I	I	K	V	I	A	G	M	V	M	I	V
Q	N	A	U	N	U	S	T	A	T	U	D	P	N	Q
L	U	U	D	G	L	M	W	S	S	B	Q	F	E	R

ANALÜÜS
ANTIIKAJAST
IIDNE
KERAAMIKA
UNUSTATUD
JÄRELTULIJA
AJASTU
EKSPERT
FOSSIIL
MÕISTATUS

OBJEKTID
LUUD
PROFESSOR
RELIIKVIA
TEADLANE
TUNDMATU
MEESKOND
TEMPEL
HAUD
HINDAMINE

6 - Salute e Benessere #1

J	O	M	I	V	A	R	R	R	W	Y	A	Q	C	L
K	Õ	R	G	U	S	R	I	V	A	H	K	R	N	I
H	G	V	L	G	K	Z	S	O	O	P	T	B	Q	H
A	Y	G	Ä	V	E	M	A	T	Z	U	I	P	A	A
R	N	H	N	M	L	A	Q	N	U	N	I	B	Y	S
J	H	A	Y	L	F	F	C	B	T	W	V	M	R	E
U	O	E	H	S	E	V	V	G	V	F	N	N	A	D
M	R	H	B	K	R	G	Y	E	F	N	E	I	I	B
U	M	O	A	E	Q	H	T	L	B	N	Ä	R	V	E
S	O	N	K	E	U	C	R	S	E	M	V	R	A	V
M	O	V	T	T	L	U	U	M	U	R	D	K	R	I
A	N	K	E	P	L	Õ	Õ	G	A	S	T	U	S	M
L	I	T	R	A	H	F	K	L	I	I	N	I	K	J
Q	D	C	I	V	I	I	R	U	S	A	I	A	T	S
W	B	N	D	U	U	L	O	P	B	Q	S	H	A	M

HARJUMUS
KÕRGUS
AKTIIVNE
BAKTERID
KLIINIK
NÄLG
APTEEK
LUUMURD
RAVIM
ARST
LIHASED
NÄRVE
HORMOONID
LUUD
NAHK
POOS
REFLEKS
LÕÕGASTUS
RAVI
VIIRUS

7 - Aggettivi #1

K	K	I	L	E	N	N	Õ	O	K	K	A	S	S	E
U	A	A	R	O	M	A	A	T	N	E	E	Ü	O	K
N	A	C	A	F	V	N	O	O	R	K	G	G	C	S
S	S	B	M	S	N	Ä	V	S	V	S	L	A	M	O
T	A	A	Z	B	C	S	Ä	T	D	A	A	V	R	O
I	E	K	U	H	Õ	Z	Z	R	Ä	R	N	R	Y	T
L	G	L	Z	S	Y	N	I	U	T	H	E	J	U	I
I	N	L	R	E	A	N	N	U	E	U	T	K	K	L
N	E	I	W	O	C	I	W	S	M	R	S	I	K	I
E	I	R	E	A	K	T	I	I	V	N	E	L	S	N
N	S	Z	R	M	K	W	S	Y	Y	L	D	S	I	E
I	D	E	N	T	N	E	E	D	L	C	L	U	O	K
A	B	S	O	L	U	U	T	N	E	G	E	I	W	K
M	L	O	Y	S	P	T	Q	V	E	W	H	Ä	I	I
H	G	C	P	F	E	J	D	V	G	A	C	T	M	P

AROMAATNE
KUNSTILINE
ABSOLUUTNE
AKTIIVNE
EKSOOTILINE
ÕNNELIK
HELDE
NOOR
SUUR
IDENTNE
TÄHTIS
AEGLANE
PIKK
KAASAEGNE
AUS
TÄIUSLIK
RASKE
VÄÄRTUSLIK
SÜGAV
ÕHUKE

8 - Geologia

U	D	R	J	O	U	U	V	Q	F	T	H	P	V	Z
H	W	B	N	J	K	R	P	B	J	N	N	L	U	W
G	L	C	V	E	K	A	Q	Q	A	E	P	A	L	V
A	K	I	H	T	V	W	D	L	D	N	D	T	K	M
U	D	S	T	A	L	A	K	T	I	I	T	O	A	I
H	R	R	W	A	L	D	K	M	L	T	R	O	A	N
A	O	L	G	F	A	I	T	U	L	N	D	U	N	E
P	D	A	A	P	R	I	I	I	A	O	T	G	H	R
E	S	V	B	L	O	O	S	S	T	K	Z	U	R	A
M	P	A	W	A	K	M	C	T	S	K	I	V	E	A
M	A	A	V	Ä	R	I	N	L	I	O	N	V	S	L
E	R	O	S	I	O	O	N	A	R	C	F	R	I	I
K	V	A	R	T	S	J	M	K	K	I	D	F	E	D
S	T	A	L	A	G	M	I	I	D	I	D	C	G	F
K	O	O	B	A	S	C	S	R	Q	Q	Y	J	I	L

HAPE
PLATOO
KALTSIUM
KOOBAS
KONTINENT
KORALL
KRISTALLID
EROSIOON
FOSSIIL
GEISER
LAVA
MINERAALID
KIVI
KVARTS
SOOL
STALAGMIIDID
STALAKTIIT
KIHT
MAAVÄRIN
VULKAAN

9 - Campeggio

Y	R	M	F	K	I	I	K	K	R	Õ	V	Z	C	T
L	U	J	F	L	U	J	M	Ü	T	S	T	E	M	U
R	Z	L	S	E	S	U	L	K	I	E	S	R	S	J
G	A	T	L	T	I	B	R	W	D	M	J	I	U	H
H	S	T	J	M	Ö	Õ	A	O	G	P	S	H	D	A
J	H	W	Y	P	K	L	K	S	S	A	P	M	O	K
P	A	N	H	U	M	Ä	G	I	A	W	H	H	O	E
O	U	H	O	U	J	Ä	R	V	L	Z	J	N	L	L
W	U	T	T	D	Q	R	R	P	O	O	M	U	A	U
M	N	R	U	T	V	Q	M	G	N	H	F	F	Q	T
Z	A	A	R	K	D	E	Y	T	G	L	B	B	Y	D
C	K	A	N	N	A	S	R	P	I	I	J	Q	R	K
R	N	K	D	L	L	S	L	O	O	M	A	D	H	P
P	T	T	E	Z	O	Q	K	W	A	R	K	G	H	L
W	A	J	F	O	W	D	I	V	F	P	A	Q	U	R

PUUD
VÕRKKIIK
LOOMAD
SEIKLUS
KOMPASS
SALONGI
JAHT
KANUU
MÜTS
KÖIS

LÕBU
METS
TULEKAHJU
PUTUKAS
JÄRV
KUU
KAART
MÄGI
LOODUS
TELK

10 - Arti Visive

A	K	V	A	H	A	M	K	O	O	S	T	I	S	F
M	R	R	S	K	U	L	P	T	U	U	R	L	A	O
O	V	H	I	J	J	I	S	Ü	S	W	W	A	P	T
L	S	U	I	I	Z	F	V	I	Z	C	R	A	D	O
B	M	A	I	T	T	I	E	V	D	H	O	M	V	M
E	E	K	V	F	E	K	E	R	A	A	M	I	K	A
R	I	R	R	I	G	K	R	Š	A	B	L	O	O	N
T	S	T	P	M	R	S	T	A	I	I	L	P	Y	E
P	T	F	G	T	D	Z	R	U	C	O	A	F	O	U
Y	R	O	T	H	R	V	O	Q	U	H	V	I	O	I
C	I	N	N	R	V	K	P	O	W	R	W	O	W	Z
L	T	K	U	N	S	T	N	I	K	K	A	L	I	P
F	E	P	E	R	S	P	E	K	T	I	I	V	Z	Q
J	O	J	A	D	A	B	E	M	G	S	A	K	W	U
Q	S	U	V	O	O	L	F	V	U	M	M	J	S	Q

ARHITEKTUUR
SAVI
KUNSTNIK
MEISTRITEOS
SÜSI
MOLBERT
VAHA
KERAAMIKA
KOOSTIS
LOOVUS
FILM
FOTO
KRIIT
PLIIATS
MAALI
PERSPEKTIIV
PORTREE
SKULPTUUR
ŠABLOON
LAKK

11 - Tempo

O	V	U	L	A	H	Z	J	H	K	Q	Ö	I	H	O
K	V	M	O	A	A	N	Ä	T	E	S	I	Ö	O	C
V	A	R	S	T	I	A	K	D	L	F	Z	U	M	L
R	J	E	Z	Q	C	P	S	P	L	R	O	K	M	M
G	F	H	W	Z	M	P	Q	T	M	E	N	Z	I	T
G	R	E	K	P	A	Ä	O	J	A	D	S	N	K	U
M	G	S	K	U	U	E	S	S	D	N	V	Z	T	L
M	I	N	U	T	A	V	L	F	I	E	E	L	I	E
E	N	N	R	B	Q	D	R	U	F	L	Ä	N	O	V
N	I	U	T	E	N	N	E	P	R	A	P	S	N	I
I	O	Y	P	W	T	E	Q	A	N	K	K	A	Ä	K
P	Ä	R	A	S	T	N	H	T	S	P	S	J	D	Q
A	A	S	T	A	C	M	V	G	U	F	E	A	A	M
J	C	E	O	Z	V	Ü	T	H	Y	N	K	N	L	I
Z	C	E	D	K	P	K	V	A	Z	Z	D	D	U	M

AASTA
AASTANE
KALENDER
KÜMNEND
PÄRAST
TULEVIK
PÄEV
EILE
HOMMIK
KUU
KESKPÄEV
MINUT
ÖÖ
TÄNA
TUND
KELL
VARSTI
ENNE
SAJAND
NÄDAL

12 - Astronomia

G	V	N	S	U	D	U	K	O	G	U	G	A	R	B
Z	N	H	H	U	K	I	I	R	G	U	S	S	V	A
G	S	T	R	D	P	Z	E	M	Z	N	A	T	Y	K
T	A	P	G	P	R	E	A	O	K	B	V	R	L	U
Ä	K	L	C	O	O	Q	R	O	A	N	E	O	U	P
H	O	J	A	O	O	P	U	N	M	J	A	N	T	Ö
T	S	G	O	K	E	L	O	O	O	D	T	A	Ä	Ö
K	M	V	J	S	T	D	S	R	K	O	O	U	H	R
U	O	T	W	E	E	I	V	T	K	H	V	T	E	I
J	S	P	T	L	M	O	K	S	U	Z	J	A	L	P
U	K	D	U	E	T	R	P	A	U	S	Z	B	E	Ä
J	E	E	N	T	Y	E	R	A	S	K	U	S	P	E
M	R	N	B	J	H	T	E	E	N	A	L	P	A	V
R	A	K	E	T	T	S	M	A	A	P	Y	Q	N	C
E	M	A	U	Y	C	A	Z	C	V	Z	Y	W	U	O

ASTEROID
ASTRONAUT
ASTRONOOM
TAEVAS
KOSMOS
TÄHTKUJU
PÖÖRIPÄEV
GALAKTIKA
RASKUS
KUU
METEOOR
UDUKOGU
TÄHELEPANU
PLANEET
KIIRGUS
RAKETT
SUPERNOOVA
TELESKOOP
MAA

13 - Algebra

E	N	I	M	A	T	U	H	A	L	L	U	N	Y	Q
K	I	F	A	A	R	G	U	P	D	A	Z	M	A	C
S	S	L	I	H	T	S	U	S	T	A	M	A	O	L
P	K	T	M	G	L	U	S	F	Q	Z	S	Z	D	E
O	E	L	A	V	A	L	I	N	E	A	A	R	N	E
N	E	T	M	V	H	J	T	Y	L	Y	K	I	A	F
E	M	N	T	T	E	L	U	E	G	H	B	L	R	R
N	K	I	N	I	N	E	S	T	G	L	B	Õ	R	A
T	R	A	P	V	D	B	J	W	U	U	H	P	Õ	K
V	A	L	E	M	U	A	J	H	G	U	R	M	V	T
P	Z	S	K	J	S	A	S	A	Y	A	M	A	C	S
A	U	M	B	R	J	M	R	C	F	Z	O	T	B	I
B	R	A	J	O	O	N	R	V	B	Z	D	U	B	O
P	R	O	B	L	E	E	M	P	I	A	H	R	P	O
M	A	A	T	R	I	K	S	V	R	G	V	F	C	N

SKEEM
RAJOON
VÕRRAND
EKSPONENT
VALE
TEGUR
VALEM
FRAKTSIOON
GRAAFIK
LÕPMATU
LINEAARNE
MAATRIKS
ARV
SULG
PROBLEEM
LIHTSUSTAMA
LAHENDUS
LAHUTAMINE
MUUTUJA
NULL

14 - Mitologia

K	B	J	S	S	T	V	A	V	U	I	K	F	W	M
I	O	O	U	U	Õ	K	V	Ä	D	J	U	R	K	J
N	V	L	V	H	R	D	Z	L	H	V	L	V	A	G
A	O	W	E	P	D	E	A	K	W	N	T	Z	N	U
F	A	B	G	T	F	Q	M	L	U	H	U	L	G	O
O	R	K	U	W	I	W	E	A	A	P	U	A	E	D
O	H	N	T	W	E	S	Q	G	T	N	R	B	L	L
R	E	N	I	M	U	T	I	Ä	K	U	E	Ü	A	E
T	T	L	O	O	M	I	N	E	Q	O	S	R	N	G
S	Ü	K	Ä	T	T	E	M	A	K	S	C	I	E	E
A	Ü	D	E	R	C	E	T	M	R	S	I	N	A	N
T	P	Y	M	A	A	G	I	L	I	N	E	T	Q	D
A	R	M	U	K	A	D	E	D	U	S	Y	C	W	R
K	J	U	M	A	L	U	S	E	D	N	E	L	O	R
O	I	I	Y	F	G	S	U	R	E	L	I	K	J	A

ARHETÜÜP
KÄITUMINE
OLEND
LOOMINE
KULTUUR
KATASTROOF
JUMALUSED
KANGELANE
TUGEVUS
VÄLK

ARMUKADEDUS
SÕDALANE
SUREMATUS
LABÜRINT
LEGEND
MAAGILINE
SURELIK
KOLETIS
KÕU
KÄTTEMAKS

15 - Piante

P	V	L	L	I	L	K	P	S	Y	Q	F	O	K	P
W	Õ	S	U	T	K	A	K	A	V	Ä	E	T	I	S
M	I	Õ	B	U	U	P	L	M	E	R	A	I	T	A
C	U	E	S	Z	D	E	A	M	D	F	F	Q	S	L
J	U	R	R	A	F	E	Y	A	E	N	L	Q	E	M
Y	M	T	U	P	S	W	R	L	J	W	O	M	H	I
B	A	M	A	V	S	A	K	O	T	A	O	E	E	B
Y	R	P	K	E	Y	T	Y	J	H	K	R	T	L	A
G	I	U	B	A	P	C	P	K	E	I	A	S	Y	M
M	K	K	I	Z	L	T	J	J	L	N	Z	Y	B	B
W	G	N	Y	R	C	Q	F	U	N	A	G	H	U	U
H	U	B	U	P	V	Z	P	U	O	A	P	N	E	S
T	H	L	D	K	G	E	H	R	O	T	I	B	M	I
T	A	I	M	E	S	T	I	K	R	O	T	W	A	H
H	H	C	Z	U	L	U	H	G	K	B	H	J	F	W

PUU
MARI
BAMBUS
BOTAANIKA
KAKTUS
PÕÕSAS
KASVAMA
LUUDEROHI
MURU
UBA
VÄETIS
LILL
FLOORA
LEHESTIK
METS
AED
SAMMAL
KROONLEHT
JUUR
TAIMESTIK

16 - Spezie

K	M	U	S	K	A	A	T	P	Ä	H	K	E	L	K
K	Ü	R	U	L	J	M	Q	T	N	V	U	L	L	Ö
P	Z	Ü	K	K	S	Y	Y	P	T	Z	J	A	I	Ö
H	S	N	S	M	A	G	U	S	B	E	B	G	T	M
U	Y	K	V	L	O	O	S	S	Q	O	I	R	I	N
I	R	R	A	K	A	K	A	N	E	E	L	I	G	E
R	A	V	N	B	U	U	Q	D	B	F	K	T	E	D
D	P	N	I	G	S	R	K	J	I	O	U	S	E	C
N	I	B	L	E	P	A	K	A	K	L	W	B	T	O
A	P	Y	L	U	B	I	S	U	Z	Y	K	L	P	C
I	N	A	R	F	A	S	N	O	M	E	D	R	A	K
R	A	I	I	N	G	V	E	R	C	Q	P	E	Q	V
O	A	K	I	R	P	A	P	A	Q	M	Z	F	N	P
K	N	D	H	S	A	S	Q	G	N	Z	B	F	C	H
M	F	V	J	N	I	T	P	J	I	H	S	V	W	D

KÜÜSLAUK
KIBE
ANIISI
KANEEL
KARDEMON
SIBUL
KORIANDRI
KÖÖMNED
KURKUM
KARRI
MAGUS
APTEEGITILL
LAGRITS
MUSKAATPÄHKEL
PAPRIKA
PIPAR
SOOL
VANILL
SAFRAN
INGVER

17 - Numeri

Ü	K	A	K	S	K	Ü	M	M	E	N	D	F	Q	T
E	H	W	T	T	W	T	F	M	R	D	K	A	K	S
B	O	E	K	O	L	M	T	E	I	S	T	B	O	I
S	F	M	K	P	K	O	L	M	Q	K	E	L	Q	E
Y	E	H	H	S	I	I	V	C	D	F	Ü	P	P	T
T	S	I	E	T	A	S	K	E	H	A	K	M	C	I
V	K	A	T	C	S	T	D	E	R	D	K	Y	M	L
I	A	Q	O	S	K	S	E	M	S	O	U	K	O	E
I	K	T	A	K	E	K	T	I	L	N	U	U	E	N
S	S	B	S	A	H	O	T	L	S	V	S	U	S	M
T	T	V	I	K	Ü	M	U	E	N	T	T	S	Z	D
E	E	G	Z	U	H	A	K	N	U	U	E	R	P	U
I	I	K	A	H	E	K	S	A	L	C	I	C	O	V
S	S	C	J	I	L	B	K	V	L	O	S	O	H	G
T	T	E	I	T	S	I	E	T	E	S	T	I	E	S

VIIS
KOMA
ÜHEKSATEIST
SEITSETEIST
KAHEKSATEIST
KÜMME
KAKSTEIST
KAKS
ÜHEKSA
KAHEKSA
NELITEIST
NELI
VIISTEIST
KUUSTEIST
KUUS
SEITSE
KOLM
KOLMTEIST
KAKSKÜMMEND
NULL

18 - Cioccolato

T	N	A	D	Ü	S	K	O	I	T	N	A	Q	O	P
L	E	M	M	I	K	V	P	L	R	S	S	K	M	U
K	K	O	A	S	T	A	Q	O	D	U	O	O	V	L
A	O	O	E	N	I	L	I	T	O	O	S	K	E	B
L	O	R	K	G	T	I	Q	G	I	P	I	R	S	E
O	K	A	Ä	N	M	T	O	R	H	C	T	E	T	R
R	O	E	S	K	N	E	K	C	R	P	S	T	I	S
E	S	U	I	A	O	E	M	O	K	Q	O	S	A	U
I	P	I	T	U	Q	T	Q	T	M	D	O	E	M	H
D	Ä	B	Ö	M	A	I	T	S	E	M	K	P	O	K
O	H	N	Ö	W	M	Q	I	M	R	R	I	T	M	U
V	K	K	A	K	A	O	A	T	A	D	N	D	K	R
S	E	K	I	B	E	Z	V	A	L	G	N	H	T	F
B	L	L	E	M	A	R	A	K	Q	F	U	V	D	N
M	A	A	P	Ä	H	K	L	I	D	I	U	S	F	C

KIBE
ANTIOKSÜDANT
MAAPÄHKLID
AROOM
KÄSITÖÖ
KAKAO
KALOREID
KOMMID
KARAMELL
MAITSEV

MAGUS
EKSOOTILINE
MAITSE
KOOSTISOSA
KOOKOSPÄHKEL
PULBER
LEMMIK
KVALITEET
RETSEPT
SUHKUR

19 - Guida

M	E	H	R	E	P	R	E	C	H	G	A	N	A	J
O	O	S	Z	G	Ž	K	C	P	Y	T	E	E	U	A
O	H	E	F	Z	A	S	T	U	N	N	E	L	V	L
T	U	U	T	R	A	A	K	K	I	I	R	U	S	A
O	T	Y	N	F	R	T	S	U	T	E	N	N	Õ	K
R	U	P	S	G	A	A	S	U	L	K	I	I	L	Ä
D	S	Z	O	B	G	R	U	J	L	P	Q	D	K	I
Y	K	W	I	L	D	R	B	U	U	V	M	L	Z	J
W	P	R	U	E	I	O	W	I	C	I	C	J	E	A
K	Ü	T	U	S	R	T	R	O	P	S	N	A	R	T
I	H	P	A	H	U	O	S	A	B	C	Q	K	I	L
S	T	C	U	M	D	O	J	E	U	Y	E	P	V	W
I	D	V	H	H	I	M	F	W	I	T	H	H	O	B
B	C	Q	L	O	P	H	P	R	P	K	O	P	H	P
L	I	T	S	E	N	T	S	L	S	U	S	B	T	Y

AUTO
BUSS
KÜTUS
PIDURID
GARAAŽ
GAAS
ÕNNETUS
LITSENTS
KAART
MOOTORRATAS
MOOTOR
JALAKÄIJA
OHT
POLITSEI
OHUTUS
TEE
LIIKLUS
TRANSPORT
TUNNEL
KIIRUS

20 - I Media

A	W	F	B	R	K	E	B	L	T	N	V	B	T	B
E	J	R	T	N	V	R	N	U	T	J	Q	C	Ö	O
Y	T	A	A	L	D	Y	S	N	H	Y	M	P	Ö	N
F	E	W	K	A	U	S	U	M	A	V	R	A	S	L
A	A	P	I	I	D	A	E	K	R	A	G	K	T	I
K	T	F	L	W	R	I	P	K	I	B	J	I	U	N
T	I	T	A	C	O	J	O	Z	D	G	M	L	S	E
I	S	U	V	L	E	U	A	C	U	R	E	A	Ä	E
D	Z	R	A	C	I	A	I	D	S	H	C	H	S	V
A	J	A	L	E	H	E	D	O	T	O	F	O	P	U
R	A	H	A	S	T	A	M	I	N	E	D	K	Y	G
K	A	U	B	A	N	D	U	S	L	I	K	T	F	L
I	N	D	I	V	I	D	U	A	A	L	N	E	R	K
L	Z	E	R	O	H	O	I	A	K	U	D	C	Z	O
G	R	B	K	G	R	T	V	Õ	R	K	R	H	C	D

HOIAKUD
KAUBANDUSLIK
TEATIS
VÄLJAANNE
HARIDUS
FAKTID
RAHASTAMINE
FOTOD
AJALEHED
INDIVIDUAALNE
TÖÖSTUS
KOHALIK
ONLINE
ARVAMUS
AVALIK
RAADIO
VÕRK
AJAKIRJAD

21 - Forza e Gravità

L	D	A	H	W	W	Z	F	Z	L	Y	A	S	L	I
I	O	Ü	M	I	P	F	O	Ü	P	O	S	Q	V	D
I	R	H	N	L	Q	P	W	N	Ü	L	E	V	W	U
K	B	S	K	A	R	C	A	K	T	S	H	M	Z	N
U	I	V	P	A	A	C	E	B	E	E	I	W	H	I
M	I	M	L	K	U	M	G	D	L	N	J	K	U	V
I	T	A	A	E	J	G	I	P	G	I	E	O	A	E
N	V	G	N	S	Õ	S	U	L	J	M	J	M	K	R
E	V	N	E	K	M	H	M	S	I	E	G	A	I	S
L	Y	E	E	U	L	Y	Z	U	H	N	N	D	N	A
G	M	T	D	S	V	R	W	T	A	E	E	U	A	A
L	E	I	I	N	B	Õ	H	S	M	I	L	S	A	L
S	W	S	D	E	I	H	M	A	I	A	M	E	H	N
V	C	M	P	L	G	K	Z	V	A	L	U	D	E	E
K	I	I	R	U	S	N	R	A	D	S	T	E	M	R

TELG
KESKUS
DÜNAAMILINE
KAUGUS
LAIENEMINE
FÜÜSIKA
MÕJU
MAGNETISM
MEHAANIKA
LIIKUMINE
ORBIIT
KAAL
PLANEEDID
RÕHK
OMADUSED
AVASTUS
AEG
UNIVERSAALNE
KIIRUS

22 - Sport

Z	A	H	E	K	M	E	T	A	B	O	O	L	N	E
D	C	H	E	P	E	G	O	D	E	S	A	H	I	L
C	J	S	S	R	H	H	K	Y	U	U	Q	A	K	H
J	B	O	M	O	D	S	A	A	G	V	M	B	B	S
L	H	T	Ä	G	S	V	Õ	I	M	E	E	E	Y	S
F	U	Z	R	R	F	P	N	H	B	G	Y	L	N	T
S	D	U	K	A	M	O	O	C	O	U	Q	J	T	A
S	E	W	D	M	S	I	V	R	E	T	R	E	O	N
K	M	E	H	M	Q	U	J	S	T	E	E	I	D	T
S	Ö	R	K	I	M	I	N	E	Q	L	Y	S	H	S
P	A	D	I	R	E	E	M	I	S	K	A	M	S	I
T	R	E	E	N	E	R	S	P	O	R	T	N	Y	M
T	O	I	T	U	M	I	N	E	Q	Z	I	O	E	I
V	E	R	E	S	O	O	N	K	O	N	N	A	K	N
V	A	S	T	U	P	I	D	A	V	U	S	A	Q	E

TREENER
SPORTLANE
VÕIME
VERESOONKONNA
KEHA
TANTSIMINE
DIEET
TUGEVUS
SÖRKIMINE
MAKSIMEERIDA
METABOOLNE
LIHASED
TOITUMINE
EESMÄRK
LUUD
PROGRAMM
VASTUPIDAVUS
TERVIS
SPORT

23 - Uccelli

K	J	A	E	C	G	O	O	C	C	M	Z	P	H	T
T	U	V	A	R	B	L	A	N	E	Y	Q	Y	A	U
N	G	L	M	U	N	A	J	O	Y	N	M	I	I	V
P	Ä	Z	L	J	A	A	N	A	L	I	N	D	G	I
A	K	D	T	K	P	Q	O	Y	P	N	N	S	U	T
P	K	N	S	A	G	A	R	L	I	A	J	A	R	U
A	Q	I	I	N	R	L	R	Q	N	K	U	K	H	U
G	S	L	Z	A	U	U	C	T	G	I	G	A	Y	K
O	P	U	D	P	K	I	I	O	V	L	P	J	L	A
I	V	B	P	H	E	K	S	S	I	E	S	A	S	N
F	L	A	M	I	N	G	O	U	I	P	S	K	Z	V
Q	S	A	K	T	O	K	C	P	N	J	W	P	W	T
J	Q	P	O	U	O	Z	W	Z	A	C	F	K	H	U
S	H	V	B	Z	T	T	N	O	V	Z	Y	N	B	C
L	M	W	H	Q	R	F	Y	L	M	M	Z	K	M	B

HAIGUR
PART
KOTKAS
TOONEKURG
LUIK
KÄGU
KULL
FLAMINGO
KAJAKAS
HANI
PAPAGOI
VARBLANE
PAABULIND
PELIKANI
TUVI
PINGVIIN
KANA
JAANALIND
TUUKAN
MUNA

24 - Giorni e Mesi

Q	L	R	R	E	D	N	E	L	A	K	P	D	J	A
A	A	E	A	B	B	O	Ä	U	R	Z	O	N	K	A
K	U	E	U	I	Y	P	S	D	K	R	R	T	C	S
I	P	D	A	P	R	I	L	L	A	U	A	S	P	T
H	Ä	E	G	U	A	O	K	P	I	L	U	U	J	A
V	E	R	D	Q	U	K	O	Ü	M	H	R	G	D	M
E	V	E	I	Q	N	T	L	H	W	I	B	U	W	F
Ä	S	B	M	E	A	O	M	A	S	Y	E	A	N	P
P	M	M	O	U	A	O	A	P	Y	U	E	T	S	K
I	J	E	A	A	J	B	P	Ä	H	S	V	G	Z	N
S	P	S	V	S	O	E	Ä	E	J	U	U	N	I	O
I	Z	T	L	M	P	R	E	V	G	I	N	Z	N	S
E	V	E	U	L	Y	Ä	V	Y	T	K	I	T	J	Z
T	I	D	R	L	O	R	E	B	M	E	T	P	E	S
C	I	H	R	E	B	M	E	V	O	N	S	G	I	C

AUGUST
AASTA
APRILL
KALENDER
DETSEMBER
PÜHAPÄEV
VEEBRUAR
JAANUAR
JUUNI
JUULI
ESMASPÄEV
TEISIPÄEV
KOLMAPÄEV
KUU
NOVEMBER
OKTOOBER
LAUPÄEV
SEPTEMBER
NÄDAL
REEDE

25 - Casa

R	L	D	N	K	H	T	R	N	S	A	S	P	G	D
D	A	E	N	Ö	D	I	G	U	D	G	Q	L	F	M
K	B	A	W	Ö	B	U	J	N	J	C	F	H	Y	B
A	U	W	M	K	L	Z	L	K	I	O	P	T	S	K
M	T	G	V	A	Y	G	W	S	H	N	I	U	L	R
I	E	D	C	J	T	A	E	O	I	L	Ö	O	A	A
N	D	H	A	W	S	U	T	A	K	U	C	Ö	M	A
P	Õ	R	A	N	D	H	K	S	K	U	V	O	P	N
I	E	C	O	P	U	Q	E	O	E	J	S	Y	D	K
A	N	Q	A	D	U	D	D	M	G	I	L	A	G	I
V	C	L	O	O	L	U	A	T	Y	U	N	A	O	N
P	E	E	G	E	L	Š	D	A	G	A	R	A	A	Ž
J	L	O	L	S	G	Š	C	R	K	K	L	T	C	D
W	Z	Z	O	Q	M	D	V	A	W	K	O	Q	N	M
A	K	E	N	T	D	Y	K	O	P	R	T	Q	U	K

PÖÖNING
RAAMATUKOGU
TUBA
KAMIN
KÖÖK
DUŠŠ
AKEN
GARAAŽ
AED
LAMP

SEIN
PÕRAND
UKS
TARA
KRAAN
LUUD
LAGI
PEEGEL
VAIP
KATUS

26 - Fantascienza

K	K	F	G	A	L	A	K	T	I	K	A	L	N	T
I	Q	D	U	T	A	M	A	A	R	I	O	L	S	E
N	K	I	L	T	S	I	L	A	E	R	Y	P	U	H
O	I	P	Y	Y	U	J	H	A	K	E	L	U	T	N
G	L	L	H	J	A	R	M	O	N	O	Y	I	A	O
O	S	A	G	E	V	K	I	A	H	W	Z	U	V	L
R	U	N	E	K	A	U	E	S	A	W	B	H	H	O
A	M	E	J	S	S	J	G	A	T	I	I	S	A	O
A	R	E	R	W	Q	U	F	O	Q	L	L	R	L	G
K	Ä	T	I	M	O	T	A	A	L	N	I	M	P	I
E	Ä	K	N	P	L	E	A	S	G	O	E	K	P	A
L	D	U	E	N	I	L	I	T	S	A	T	N	A	F
J	E	W	E	M	T	D	I	T	O	B	O	R	Q	K
D	K	L	J	G	H	A	I	P	O	O	T	S	Ü	D
U	V	Y	V	C	F	V	U	T	O	O	P	I	A	Z

AATOMI
KINO
DÜSTOOPIA
PLAHVATUS
ÄÄRMUSLIK
FANTASTILINE
TULEKAHJU
FUTURISTLIK
GALAKTIKA
KUJUTELDAV
RAAMATUD
MAAILM
ORAAKEL
PLANEET
REALISTLIK
ROBOTID
TEHNOLOOGIA
UTOOPIA

27 - Città

R	E	T	A	E	T	S	R	I	K	K	O	O	L	P
A	T	O	S	A	P	T	O	K	I	N	I	I	L	K
A	G	P	U	V	K	G	U	L	N	R	Z	R	L	T
M	T	A	P	G	M	R	O	R	O	O	E	P	D	S
A	R	G	E	G	A	L	M	M	G	B	W	L	E	Y
T	A	A	R	Z	A	O	J	Y	Q	N	M	W	A	V
U	A	R	M	A	J	O	R	I	M	J	L	G	A	G
K	M	I	A	J	U	K	A	U	P	L	U	S	M	V
O	A	T	R	Q	N	I	M	W	Y	V	T	E	O	N
G	T	Ö	K	A	N	L	L	R	W	I	W	M	O	V
U	U	Ö	E	P	E	Ü	Z	L	W	U	I	B	L	V
K	P	N	T	T	L	I	L	L	E	P	O	O	D	E
I	O	M	U	E	S	U	U	M	C	T	A	J	G	M
V	O	L	V	E	S	T	A	A	D	I	O	N	A	S
M	D	K	Q	K	T	P	A	N	K	H	D	H	C	P

LENNUJAAM
PANK
RAAMATUKOGU
KINO
KLIINIK
APTEEK
LILLEPOOD
GALERII
HOTELL
RAAMATUPOOD
TURG
MUUSEUM
KAUPLUS
PAGARITÖÖ
KOOL
STAADION
SUPERMARKET
TEATER
ÜLIKOOL
LOOMAAED

28 - Fattoria #1

R	M	C	F	Q	P	P	Õ	L	D	B	L	M	V	L
R	I	E	C	T	Õ	H	O	B	U	N	E	H	L	H
A	G	I	S	G	L	T	Z	Y	A	I	S	E	V	M
S	I	E	S	I	L	E	J	F	S	E	E	L	B	B
K	A	S	S	V	U	J	U	B	T	H	E	R	Z	S
D	N	I	R	A	M	M	E	S	I	L	A	N	E	E
A	S	P	I	S	A	J	R	A	K	K	S	H	D	E
E	G	M	O	I	J	S	B	K	T	O	Z	J	T	M
C	G	B	L	K	A	Q	L	Q	A	E	E	O	M	N
U	H	L	F	A	N	P	K	F	Q	R	T	Q	B	E
R	T	P	M	S	D	W	A	Y	W	H	H	S	P	D
K	A	N	A	P	U	L	V	Ä	E	T	I	S	O	L
S	L	M	F	J	S	O	H	W	F	P	R	V	T	K
C	D	E	U	J	B	B	J	I	A	P	U	V	F	Y
T	A	R	A	G	B	A	O	T	P	B	H	S	E	H

VESI
PÕLLUMAJANDUS
MESILANE
EESEL
PÕLD
KOER
KITS
HOBUNE
VÄETIS
HEIN
KASS
KARJA
SIGA
MESI
LEHM
KANA
TARA
RIIS
SEEMNED
VASIKAS

29 - Psicologia

K	E	U	D	D	V	H	Y	Y	K	E	H	W	U	H
M	O	G	E	T	U	N	N	E	O	M	I	A	N	Y
K	Õ	G	M	Õ	T	T	E	D	N	O	N	V	I	H
G	E	J	E	O	E	O	Y	E	F	T	D	N	S	N
R	S	G	U	M	R	K	T	N	L	S	A	S	T	W
F	A	Y	J	T	U	Q	U	I	I	I	M	V	U	K
K	Y	V	Y	E	A	S	R	M	K	O	I	L	S	L
Q	A	Z	I	S	D	B	I	U	T	O	N	Õ	E	I
P	R	O	B	L	E	E	M	T	G	N	E	P	D	I
T	A	J	U	S	U	K	K	I	L	E	G	E	T	N
R	I	B	F	F	J	N	P	Ä	V	H	O	S	I	I
A	B	I	D	E	E	D	I	K	Y	F	Q	P	W	L
M	Ä	L	E	S	T	U	S	E	D	D	K	A	K	I
I	S	I	K	S	U	S	Y	M	V	G	B	L	J	N
T	E	A	D	V	U	S	E	T	A	Z	N	D	U	E

KLIINILINE
KÄITUMINE
KONFLIKT
EGO
EMOTSIOONE
KOGEMUSI
IDEED
TEADVUSETA
LAPSEPÕLV
MÕJUTAB
MÕTTED
TAJU
ISIKSUS
PROBLEEM
TEGELIKKUS
MÄLESTUSED
TUNNE
UNISTUSED
RAVI
HINDAMINE

30 - Paesaggi

W	D	N	A	W	M	I	E	H	O	U	S	Q	J	V
W	M	T	P	O	Ä	I	M	Y	G	C	I	P	G	D
W	E	M	P	A	E	Y	R	I	G	Ä	M	Ä	Ä	J
B	R	Õ	K	A	O	B	L	W	A	E	O	F	B	C
P	I	M	L	S	L	Q	U	D	B	I	I	S	C	Q
R	H	Y	A	T	S	W	N	K	R	B	G	S	Z	F
A	R	L	I	S	N	L	O	O	K	E	A	N	E	O
A	J	P	M	B	T	J	G	V	P	W	G	T	S	R
S	R	A	N	D	U	U	M	R	T	K	U	K	A	E
L	A	V	A	O	N	O	C	Ä	L	W	J	O	A	K
O	R	G	A	N	D	M	C	J	G	K	Õ	O	R	N
O	A	P	K	W	R	S	R	Y	Q	I	E	B	O	G
P	I	G	L	P	A	O	N	V	I	A	L	A	L	S
H	O	F	U	L	K	A	D	M	V	M	R	S	S	V
A	M	S	V	J	T	Q	O	L	I	U	S	T	I	K

JUGA
MÄE
KÕRB
JÕE
GEISER
LIUSTIK
KOOBAS
JÄÄMÄGI
SAAR
JÄRV

MERI
MÄGI
OAAS
OOKEAN
SOO
POOLSAAR
RAND
TUNDRA
ORG
VULKAAN

31 - Energia

N	D	C	O	R	E	O	S	T	U	S	T	D	E	K
E	G	E	L	E	K	T	R	O	N	U	Ö	U	N	E
G	L	G	E	U	V	P	Y	B	V	M	Ö	U	T	S
Y	O	E	H	D	K	I	Q	D	K	U	S	E	R	K
F	G	T	K	I	S	P	G	O	L	U	T	N	O	K
N	A	K	W	T	I	B	F	N	H	K	U	D	O	O
F	O	Q	C	L	R	R	E	W	Y	V	S	A	P	N
Z	L	I	K	T	N	I	O	T	D	T	A	V	I	D
B	E	N	S	I	I	N	L	T	U	U	M	A	A	S
G	S	F	U	K	A	W	A	I	O	T	U	U	L	Ü
A	I	G	T	M	K	P	S	U	N	O	C	T	N	S
Y	I	C	Ü	C	B	L	Z	K	R	E	M	C	Z	I
Q	D	R	K	V	E	S	I	N	I	K	K	N	L	N
N	Q	N	E	K	I	K	S	H	H	O	S	H	J	I
F	O	O	T	O	N	I	I	B	R	U	T	D	B	K

KESKKOND
AKU
BENSIIN
KUUMUS
SÜSINIK
KÜTUS
DIISEL
ELEKTRILINE
ELEKTRON
ENTROOPIA
FOOTON
VESINIK
TÖÖSTUS
REOSTUS
MOOTOR
TUUMA
UUENDAV
TURBIIN
AUR
TUUL

32 - Ristorante #2

K	O	O	K	I	M	E	E	L	R	O	A	L	A	K
T	Z	E	I	Z	W	A	H	Y	D	P	K	Õ	D	A
T	U	W	O	F	A	B	I	E	C	D	U	U	I	Z
M	H	W	H	Z	G	Z	G	T	O	C	A	N	Z	Y
Õ	H	T	U	S	Ö	Ö	K	V	S	B	C	A	T	I
M	R	R	N	W	T	I	O	E	L	E	V	H	A	K
K	E	L	N	E	R	V	O	S	O	T	V	V	I	J
T	L	J	V	L	C	Ü	J	I	O	O	Q	T	A	Q
T	Y	F	Ä	U	F	R	N	L	S	O	K	N	Q	Z
O	Z	E	P	Ä	U	T	B	C	M	L	A	J	D	A
R	A	S	A	K	I	S	U	L	O	Z	J	J	J	Z
Y	U	U	C	Q	M	I	J	L	B	T	J	B	Y	U
P	Z	P	S	U	D	D	A	J	L	I	V	U	U	P
E	V	P	V	J	T	S	A	L	A	T	I	R	R	L
M	U	N	A	D	A	J	L	I	V	I	G	Ö	Ö	K

VESI
EELROA
JOOK
KELNER
ÕHTUSÖÖK
LUSIKAS
MAITSEV
KAHVEL
PUUVILJAD
JÄÄ

SALAT
SUPP
KALA
LÕUNA
SOOL
TOOL
VÜRTSID
KOOK
MUNAD
KÖÖGIVILJAD

33 - Giardino

F	G	D	E	A	U	U	P	A	J	L	I	V	O	F
R	S	O	D	P	O	M	I	H	O	R	B	M	U	T
S	S	I	L	M	A	D	N	A	R	E	V	R	U	P
B	A	T	U	U	T	E	K	L	M	U	Z	E	P	O
Y	R	J	M	L	D	N	C	T	H	U	N	H	H	U
N	R	R	P	N	H	Z	U	L	E	P	Y	A	P	O
P	E	M	U	J	Q	Z	K	M	C	A	E	R	M	P
P	T	Z	U	L	E	V	H	Ü	K	N	C	A	A	P
G	Õ	I	W	R	N	Õ	G	G	V	I	U	T	D	O
A	O	Õ	Q	D	U	R	L	C	L	I	L	G	V	F
R	C	N	S	E	Z	K	I	I	T	V	B	O	N	Z
A	W	S	M	A	E	K	L	O	V	E	W	B	O	P
A	U	L	Z	I	S	I	L	H	Z	N	H	I	D	V
Ž	C	U	Z	N	V	I	F	Y	J	B	N	E	O	V
P	T	S	F	E	I	K	T	P	C	E	R	H	Q	L

PUU
VÕRKKIIK
PÕÕSAS
MURU
UMBROHI
LILL
VILJAPUUAED
GARAAŽ
AED
KÜHVEL

PINK
VERANDA
REHA
TARA
TIIK
MULD
TERRASS
BATUUT
VOOLIK
VIINAPUU

34 - Frutta

J	H	B	I	K	P	F	O	J	M	Y	G	K	U	P
U	F	A	H	A	P	R	I	K	O	O	S	I	N	L
V	K	N	U	C	A	B	H	I	O	I	S	R	T	K
A	K	A	Z	E	P	P	M	S	L	P	A	S	P	B
L	T	A	N	O	L	E	M	R	P	I	N	S	O	Z
O	E	N	U	B	B	L	K	I	M	R	A	M	R	V
T	L	Õ	R	O	Z	F	G	V	K	N	N	A	A	A
P	S	U	D	T	D	V	T	G	Y	I	A	R	N	A
H	A	N	I	I	R	A	T	K	E	N	I	I	Ž	R
Y	A	P	S	R	L	I	A	G	T	H	Q	V	Z	I
S	Y	U	A	L	I	P	V	K	U	Z	N	M	I	K
Q	Q	T	B	I	P	F	C	A	O	N	I	N	O	A
M	A	N	G	O	A	D	E	K	K	V	O	M	D	S
S	H	M	U	R	A	K	A	S	M	U	A	T	C	D
Z	W	R	T	V	I	I	N	A	M	A	R	J	A	C

APRIKOOS
ANANASS
ORANŽ
AVOKAADO
MARI
BANAAN
KIRSS
KIIVI
VAARIKAS
SIDRUN
MANGO
ÕUN
MELON
MURAKAS
NEKTARIIN
PAPAIA
PIRN
VIRSIK
PLOOM
VIINAMARJA

35 - Fattoria #2

P	M	H	U	F	T	J	P	V	Z	T	L	L	L	K
U	N	I	I	S	U	T	U	S	K	A	O	A	A	A
U	H	A	I	H	R	R	I	B	S	L	O	M	A	R
V	I	O	D	P	A	A	D	I	Y	U	M	B	M	J
I	V	D	C	H	T	P	M	M	N	N	A	A	A	A
L	P	R	N	P	I	T	G	A	R	I	D	D	G	N
J	Y	A	P	H	S	K	O	F	I	K	A	D	A	E
A	T	Z	I	A	E	U	A	R	N	S	C	U	H	M
D	R	V	A	N	M	E	G	E	H	R	Q	A	I	T
N	I	S	U	E	T	R	A	K	T	O	R	K	L	I
H	K	R	J	R	B	B	I	G	S	W	Y	F	A	O
O	P	F	D	Y	I	U	Y	H	L	V	P	Y	B	T
Y	E	Z	R	J	I	F	S	Y	B	M	F	B	M	Z
V	I	L	J	A	P	U	U	A	E	D	O	E	A	F
Q	A	P	N	F	A	M	R	B	G	O	I	Q	L	E

LAMBALIHA
TALUNIK
MESITARU
PART
LOOMAD
TOIT
AIT
PUUVILJAD
VILJAPUUAED
NISU

NIISUTUS
LAAMA
PIIM
MAIS
HANE
ODRA
KARJANE
LAMBAD
NIIT
TRAKTOR

36 - Verdure

L	U	B	I	S	O	D	A	E	J	W	V	E	H	Q
I	U	L	L	E	S	R	E	T	E	P	B	U	F	V
K	R	U	K	N	P	J	K	U	W	B	R	F	W	B
B	Ü	P	M	R	I	T	Õ	N	K	O	O	O	R	J
A	A	Ü	G	E	N	O	R	P	A	J	K	P	I	N
D	R	K	S	H	A	M	V	N	R	V	K	K	E	F
L	E	T	L	L	T	A	I	A	T	T	O	L	A	Š
G	V	A	I	A	A	T	T	E	U	D	L	L	R	Q
Y	G	L	B	Š	Ž	U	S	R	L	A	I	Z	F	Y
I	N	A	Q	N	O	A	K	I	G	T	G	J	Z	G
B	I	S	N	P	R	K	A	S	I	D	E	R	F	H
S	E	L	L	E	R	C	K	N	S	E	E	N	K	P
A	C	C	Q	A	Z	V	L	W	R	C	E	Q	Z	I
D	L	D	W	I	P	P	O	R	G	A	N	D	T	B
S	J	D	B	E	Z	F	K	E	N	Y	K	W	G	M

KÜÜSLAUK
BROKKOLI
ARTIŠOKK
PORGAND
KURK
SIBUL
SEEN
SALAT
BAKLAŽAAN
KARTUL
HERNES
TOMAT
PETERSELL
NAERIS
REDIS
ŠALOTT
SELLER
SPINAT
INGVER
KÕRVITS

37 - Musica

M	K	V	A	H	E	N	D	F	B	G	V	N	M	T
I	L	A	A	K	O	V	S	P	I	D	Q	O	E	T
K	A	F	O	B	E	W	G	J	G	B	I	L	L	V
R	S	M	U	U	S	I	K	U	I	S	U	I	O	B
O	S	P	T	R	Ü	T	M	I	L	I	N	E	O	A
F	I	V	K	Ü	A	F	I	L	K	O	O	R	D	L
O	K	G	H	B	R	L	A	U	L	M	A	E	I	L
N	A	H	A	R	M	O	O	N	I	A	B	P	A	A
L	L	L	Ü	Ü	R	I	L	I	N	E	I	O	N	A
A	I	S	T	E	N	I	L	I	T	E	E	O	P	D
U	N	H	A	R	M	O	O	N	I	L	I	N	E	A
L	E	N	I	L	A	K	I	S	U	U	M	C	Z	L
J	S	A	L	V	E	S	T	A	M	I	N	E	F	B
A	Q	B	U	C	Y	D	U	E	M	C	Q	L	B	U
T	I	Q	T	Z	R	P	Q	R	R	Y	L	M	W	M

ALBUM
HARMOONIA
HARMOONILINE
BALLAAD
LAULJA
LAULMA
KLASSIKALINE
KOOR
LÜÜRILINE
MELOODIA
MIKROFON
MUUSIKALINE
MUUSIK
OOPER
POEETILINE
SALVESTAMINE
RÜTMILINE
RÜTM
VAHEND
VOKAAL

38 - Barbecue

I	K	K	A	S	T	E	S	M	D	W	U	N	M	Z
U	Ö	N	M	R	E	Q	Z	I	I	M	M	E	V	D
F	Ö	M	B	H	B	W	M	E	T	Ä	U	U	W	A
H	S	B	N	R	Z	C	E	P	A	N	A	K	P	J
E	U	S	O	K	L	T	S	Y	L	G	S	O	O	L
F	T	I	O	T	S	S	N	R	A	U	M	V	O	I
K	H	Q	J	P	B	I	U	Q	S	D	A	O	N	V
L	Õ	U	N	A	O	M	B	V	K	U	U	M	D	U
S	J	L	K	U	T	S	E	U	I	O	H	E	I	U
G	L	Ä	N	P	D	V	Q	K	L	Z	A	E	T	P
R	P	J	M	N	I	H	M	U	U	S	I	K	A	B
I	R	I	O	B	A	P	P	Y	V	R	U	K	M	M
L	P	F	B	Q	V	E	A	A	M	V	M	D	O	N
L	U	D	D	N	O	K	E	R	E	P	J	F	T	F
M	S	V	E	K	I	E	R	Y	F	S	F	Y	G	Q

KUUM
ÕHTUSÖÖK
TOIT
SIBUL
NOAD
SUVI
NÄLG
PEREKOND
PUUVILJAD
MÄNGUD

GRILL
SALATID
KUTSE
MUUSIKA
PIPAR
KANA
TOMATID
LÕUNA
SOOL
KASTE

39 - Fisica

P	Y	D	C	L	A	I	E	N	E	M	I	N	E	M
S	D	D	M	P	E	P	S	A	G	E	D	U	S	E
I	O	B	R	H	J	Y	O	W	G	Y	N	F	V	H
R	D	W	T	S	C	D	A	T	V	A	L	E	M	A
G	J	S	U	R	I	I	K	E	I	W	G	D	B	A
M	A	G	N	E	T	I	S	M	Z	H	T	R	H	N
K	I	I	R	E	N	D	U	S	D	I	E	S	B	I
S	U	H	T	E	L	I	S	U	S	L	K	D	Q	K
I	A	E	I	B	M	S	O	C	G	U	A	R	U	A
M	H	A	B	D	V	O	B	A	N	B	S	F	Z	S
M	E	M	G	Y	V	C	O	J	K	Z	O	N	Y	O
I	L	U	K	E	L	O	M	T	W	H	U	A	C	W
Z	S	U	K	S	A	R	U	O	O	W	V	K	U	I
A	A	T	O	M	W	A	W	Z	O	R	Q	P	V	Q
E	L	E	K	T	R	O	N	Q	N	P	I	U	P	K

KIIRENDUS
AATOM
KAOS
TIHEDUS
ELEKTRON
LAIENEMINE
VALEM
SAGEDUS
GAAS
RASKUS
MAGNETISM
MEHAANIKA
MOLEKUL
MOOTOR
TUUMA
OSAKE
SUHTELISUS
KIIRUS

40 - Agronomia

M	F	N	F	Z	U	E	N	E	R	G	I	A	V	S
P	A	Q	Y	S	J	U	U	U	R	I	N	G	E	Ü
Õ	I	A	N	Y	V	W	R	B	W	J	Y	E	S	S
L	G	E	E	M	Z	R	H	I	Q	H	N	S	I	T
L	O	K	H	L	O	S	R	T	M	K	A	S	V	E
U	O	W	V	T	U	A	S	O	F	I	U	B	W	E
M	L	I	V	T	O	I	T	O	C	D	S	N	L	M
A	O	E	E	R	O	F	W	T	D	U	U	T	B	I
J	K	K	R	G	N	G	M	M	F	J	D	D	Ö	D
A	Ö	C	U	O	A	L	O	I	B	M	A	M	U	Ö
N	C	M	R	R	S	I	O	N	N	S	E	U	V	C
D	W	T	I	C	S	I	T	E	Ä	V	T	B	N	B
U	N	Z	H	O	Y	K	O	S	E	E	M	N	E	D
S	U	T	S	O	E	R	O	O	L	B	E	V	R	M
K	E	S	K	K	O	N	D	G	N	M	U	L	D	M

VESI
PÕLLUMAJANDUS
KESKKOND
TOIT
KASV
ÖKOLOOGIA
ENERGIA
EROSIOON
VÄETIS

REOSTUS
TOOTMINE
UURIMISTÖÖ
MAAELU
TEADUS
SEEMNED
SÜSTEEMID
UURING
MULD

41 - Erboristeria

G	G	U	T	D	A	N	E	E	T	A	V	I	I	L
F	G	N	I	Z	E	P	S	B	R	U	E	N	R	Q
P	W	I	L	Z	D	U	T	V	M	S	D	P	Z	R
K	B	I	L	K	B	N	R	A	A	N	I	L	U	K
P	V	R	U	E	M	E	A	M	Q	C	W	L	W	H
E	K	A	Z	K	O	B	G	O	Q	J	K	I	T	C
T	O	M	L	M	A	R	O	J	R	A	M	L	U	S
E	O	S	E	I	P	M	N	S	A	F	R	A	N	R
R	S	O	D	J	T	P	I	P	A	R	M	Ü	N	T
S	T	R	N	P	Y	E	R	O	H	E	L	I	N	E
E	I	P	E	P	I	G	E	B	N	N	J	H	E	Z
L	S	E	V	P	D	G	W	T	G	P	I	H	R	J
L	O	Y	A	A	R	O	M	A	A	T	N	E	A	R
Z	S	G	L	L	I	T	I	G	E	E	T	P	A	R
H	A	B	A	S	I	I	L	I	K	H	W	F	N	Y

TILL
AROMAATNE
BASIILIK
KULINAAR
ESTRAGON
APTEEGITILL
LILL
AED
KOOSTISOSA
LAVENDEL
MARJORAM
PIPARMÜNT
PUNE
PETERSELL
KVALITEET
ROSMARIIN
LIIVATEE
ROHELINE
SAFRAN

42 - Biologia

S	R	F	V	Q	C	G	C	E	A	O	Z	L	R	F
Ü	R	O	O	M	A	J	A	V	R	Ä	N	O	V	O
N	E	V	N	O	O	M	R	O	H	C	Q	O	R	T
A	B	T	O	O	B	Y	S	L	A	T	B	D	R	O
P	M	Y	R	S	A	E	I	U	F	S	D	U	T	S
S	A	P	U	O	A	J	A	T	E	M	I	S	E	Ü
S	K	Q	E	M	V	P	P	S	N	A	R	L	N	N
Q	Ü	R	N	O	K	A	F	I	N	S	E	I	S	T
C	I	M	M	R	Z	N	S	O	L	I	T	K	Ü	E
E	S	R	B	K	E	H	E	O	Ü	M	K	L	Ü	E
E	A	F	D	I	Z	W	V	N	T	R	A	A	M	S
K	R	A	I	M	O	O	T	A	N	A	B	V	T	P
O	S	M	O	O	S	O	B	A	Y	Q	L	M	K	S
G	U	B	A	I	Q	F	S	S	Y	W	G	A	E	F
M	U	T	A	T	S	I	O	O	N	R	J	N	O	O

ANATOOMIA
BAKTERID
KAMBER
KROMOSOOM
EMBRÜO
ENSÜÜM
EVOLUTSIOON
FOTOSÜNTEES
IMETAJA
MUTATSIOON
LOODUSLIK
NÄRV
NEURON
HORMOON
OSMOOS
VALK
ROOMAJA
SÜMBIOOS
SÜNAPS

43 - Attività Commerciale

K	K	U	W	I	M	P	U	A	K	A	P	R	I	T
M	A	U	A	K	I	M	O	O	N	O	K	Ö	N	E
Ü	J	R	L	M	W	U	E	O	D	C	E	S	V	H
Ü	A	O	J	U	N	S	G	F	D	M	L	P	E	I
K	T	T	N	Ä	W	A	E	G	L	A	U	R	S	N
Z	Ö	N	C	G	Ä	K	Z	M	K	J	T	E	T	G
Y	Ö	O	M	B	U	R	A	A	R	D	E	E	E	I
T	T	K	J	Q	B	C	Y	Y	K	N	S	L	E	V
R	A	H	A	N	D	U	S	R	A	A	S	A	R	A
R	A	H	A	S	F	G	Y	S	U	Ö	I	R	I	L
T	G	H	C	D	J	N	H	Q	D	Ö	S	V	N	U
T	E	H	A	S	E	T	Õ	V	E	T	T	E	G	U
G	S	V	E	Y	J	L	E	P	Z	W	M	S	K	T
A	P	M	J	S	U	L	D	N	I	H	A	L	L	A
D	J	S	T	V	P	U	M	Z	D	F	M	U	K	B

EELARVE
KARJÄÄR
KULU
TÖÖANDJA
TÖÖTAJA
ÖKONOOMIKA
TEHAS
RAHANDUS
INVESTEERING
KAUP
POOD
KASUM
SISSETULEK
ALLAHINDLUS
ETTEVÕTE
RAHA
TEHING
KONTOR
VALUUTA
MÜÜK

44 - Fiori

A	O	G	R	P	Ä	E	V	A	L	I	L	L	P	U
I	E	E	O	F	L	M	C	J	V	D	T	L	L	N
L	L	Y	O	F	R	A	J	P	B	O	R	H	U	I
O	S	M	S	T	K	Q	V	W	U	H	H	O	M	M
O	S	U	G	R	V	L	N	E	V	P	N	Q	E	A
N	L	L	I	L	S	U	T	A	N	N	A	K	R	G
G	A	R	I	S	T	I	K	M	K	D	N	J	I	U
A	I	R	H	C	E	G	M	P	R	U	E	A	A	N
M	N	L	T	H	E	L	N	O	O	R	K	L	V	W
P	E	H	L	S	D	A	I	S	Y	E	R	L	N	Q
O	E	N	I	R	I	Y	I	T	H	I	B	I	S	K
J	D	S	I	E	H	S	M	G	U	C	K	L	K	K
E	R	M	L	G	R	D	S	L	E	L	H	C	I	G
N	A	J	I	B	O	K	A	T	E	K	B	G	M	K
G	G	T	A	W	Y	D	J	A	U	Q	F	I	P	D

GARDEENIA
JASMIIN
LIILIA
PÄEVALILL
HIBISK
LAVENDEL
LILLA
MAGNOOLIA
DAISY
KIMP
NARTSISS
ORHIDEE
UNIMAGUN
KANNATUSLILL
POJENG
KROONLEHT
PLUMERIA
ROOS
RISTIK
TULBI

45 - Filantropia

R	I	O	U	A	M	I	S	S	I	O	O	N	H	K
N	Ü	O	F	W	V	A	U	S	U	S	G	C	E	O
A	S	H	L	G	H	A	Y	I	G	W	K	S	A	N
B	I	U	M	F	C	M	L	O	Q	D	K	G	T	T
S	U	D	N	A	H	A	R	I	H	U	U	K	E	A
F	V	T	C	J	D	P	J	J	K	R	M	H	G	K
U	R	H	M	A	K	O	G	U	K	O	N	D	E	T
A	W	T	K	V	I	N	I	M	E	S	E	D	V	I
J	M	V	Ä	L	J	A	K	U	T	S	E	D	U	D
A	L	R	T	J	R	S	U	R	O	O	N	P	S	M
L	L	A	P	S	E	D	Y	W	Ä	A	D	N	D	E
U	W	V	A	H	E	N	D	I	D	M	I	U	S	G
G	G	L	O	B	A	A	L	N	E	T	S	O	D	G
U	P	R	O	G	R	A	M	M	I	D	W	E	Z	E
S	U	U	R	E	M	E	E	L	S	U	S	B	E	W

LAPSED
VAJA
HEATEGEVUS
KOGUKOND
KONTAKTID
RAHANDUS
VAHENDID
SUUREMEELSUS
NOORUS
GLOBAALNE
RÜHMAD
MISSIOON
EESMÄRK
AUSUS
INIMESED
PROGRAMMID
AVALIK
VÄLJAKUTSED
AJALUGU

46 - Discipline Scientifiche

A	B	Ö	T	A	R	H	E	O	L	O	O	G	I	A
S	I	K	Z	O	A	I	M	E	E	K	M	B	G	A
T	O	O	O	A	I	G	O	O	L	O	R	U	E	N
R	K	L	O	K	G	T	R	Z	C	O	F	P	A	P
O	E	O	L	I	O	F	U	K	L	W	B	H	I	S
N	E	O	O	N	O	L	K	M	J	V	J	G	G	Ü
O	M	G	O	A	L	A	S	Y	I	Z	R	B	O	H
O	I	I	G	A	O	I	Q	Y	Z	N	C	O	O	H
M	A	A	I	H	I	G	V	S	J	W	E	T	L	O
I	O	F	A	E	B	O	Q	Y	H	D	H	A	O	L
A	L	A	I	M	O	O	T	A	N	A	K	A	N	O
S	O	T	S	I	O	L	O	O	G	I	A	N	U	O
V	M	A	I	G	O	O	L	A	R	E	N	I	M	G
E	A	S	U	D	A	E	T	E	L	E	E	K	M	I
C	C	H	L	V	E	G	Z	P	L	R	U	A	I	A

ANATOOMIA
ARHEOLOOGIA
ASTRONOOMIA
BIOKEEMIA
BIOLOOGIA
BOTAANIKA
KEEMIA
ÖKOLOOGIA
GEOLOOGIA
IMMUNOLOOGIA
KEELETEADUS
MEHAANIKA
MINERALOOGIA
NEUROLOOGIA
TOITUMINE
PSÜHHOLOOGIA
SOTSIOLOOGIA
ZOOLOOGIA

47 - Scienza

Z	J	I	M	W	J	D	A	D	S	T	I	O	W	D
M	D	I	L	U	K	E	L	O	M	E	D	S	S	K
S	J	E	E	M	N	C	S	T	O	A	N	A	K	C
E	F	A	M	I	I	L	K	E	T	D	I	K	E	Z
S	V	P	Y	D	P	N	W	E	A	L	O	E	E	V
T	D	O	T	C	N	F	E	M	A	A	L	S	M	A
A	C	W	L	L	C	A	T	R	J	N	W	E	I	A
K	Q	N	K	U	O	K	W	K	A	E	W	D	L	T
L	A	B	O	R	T	T	S	V	B	A	M	V	I	L
D	S	A	A	K	I	S	Ü	Ü	F	J	L	D	N	U
F	O	S	S	I	I	L	I	Z	E	P	B	I	E	S
O	R	G	A	N	I	S	M	O	R	V	T	I	D	F
R	A	S	K	U	S	Y	N	I	O	M	S	M	L	I
N	R	R	P	Y	S	E	K	O	G	N	U	W	L	T
L	O	O	D	U	S	E	E	T	O	P	Ü	H	M	L

AATOM
KEEMILINE
KLIIMA
ANDMED
KATSE
EVOLUTSIOON
FAKT
FÜÜSIKA
FOSSIIL
RASKUS
HÜPOTEES
LABOR
MEETOD
MINERAALID
MOLEKULID
LOODUS
ORGANISM
VAATLUS
OSAKESED
TEADLANE

48 - Acqua

N	Z	J	H	W	M	L	J	K	N	T	Y	R	Ü	M
A	Š	Ä	H	J	N	O	H	B	Ü	W	L	N	L	U
A	Š	R	U	A	C	N	T	L	P	L	A	I	E	S
K	U	V	A	D	O	O	J	O	B	A	M	I	U	S
R	D	R	J	Ä	Ä	O	M	G	D	N	H	S	J	O
O	I	S	U	K	S	I	I	N	T	A	I	K	U	O
O	B	V	A	S	W	V	M	W	R	K	V	E	T	N
K	V	J	U	U	T	L	U	F	U	G	M	E	U	S
E	H	F	W	T	U	U	L	P	S	C	P	J	S	G
A	V	B	R	U	S	I	M	R	D	D	R	Q	Õ	R
N	A	W	W	S	P	Z	N	I	E	V	S	S	F	E
P	I	B	I	I	F	U	N	Z	N	R	Z	V	Y	S
H	I	T	O	I	O	H	N	C	I	E	O	V	F	I
V	W	V	I	N	V	W	R	E	A	I	Q	G	T	E
O	R	I	F	E	Y	J	V	J	L	C	P	L	P	G

ÜLEUJUTUS
KANAL
DUŠŠ
AURUSTUMINE
JÕE
KÜLM
GEISER
JÄÄ
NIISUTUS
JÄRV
MUSSOON
LUMI
OOKEAN
LAINED
VIHMA
JOODAV
NIISKUS
NIISKE
ORKAAN
AUR

49 - Boxe

S	U	V	E	G	U	T	H	K	V	K	N	T	V	N
G	F	I	A	L	J	G	K	I	D	Y	L	J	Õ	U
U	S	O	H	S	Õ	K	A	I	W	R	N	V	I	R
R	O	S	E	U	T	U	C	R	P	S	E	A	T	K
V	G	N	K	K	Y	A	G	E	C	D	C	T	L	C
V	I	I	U	S	M	R	N	O	S	A	Z	R	E	V
B	Z	P	Q	O	R	V	S	E	A	D	B	V	J	F
Q	E	K	Ö	I	E	D	I	T	K	N	U	P	A	O
L	W	L	C	O	N	T	O	R	I	I	Z	C	H	O
I	M	F	L	N	I	D	G	S	S	K	O	Q	Q	K
K	O	H	T	U	N	I	K	M	U	N	M	M	P	U
C	P	B	Q	S	S	B	C	F	R	Q	L	P	W	S
I	U	D	T	Y	K	Ü	Ü	N	A	R	N	U	K	K
K	A	M	M	E	N	D	A	T	U	D	Y	Z	Z	R
Z	D	G	P	T	A	A	S	T	A	M	I	N	E	G

OSKUS
NURK
KOHTUNIK
VASTANE
KICK
BELL
VÕITLEJA
KÖIED
KEHA
AMMENDATUD
TUGEVUS
FOOKUS
KÜÜNARNUKK
KINDAD
LÕUG
RUSIKAS
PUNKTID
KIIRE
TAASTAMINE

50 - Imbarcazioni

A	O	U	H	T	M	O	K	K	B	E	S	O	O	W
M	R	D	J	N	Z	E	A	O	S	M	R	O	F	V
R	O	E	E	P	I	Z	E	O	T	C	V	K	F	U
J	H	E	N	I	A	L	U	S	U	Õ	T	E	V	Y
M	G	U	E	B	U	Y	C	S	K	V	M	A	Q	S
S	A	K	E	J	R	U	P	K	N	O	B	N	W	W
K	T	D	V	P	S	H	M	M	A	C	N	Y	V	M
D	S	E	R	U	K	N	A	O	J	Õ	E	D	P	R
W	Ü	R	Ä	U	L	S	A	O	C	H	L	E	A	L
L	S	E	J	N	S	H	R	T	H	A	J	N	R	R
K	Z	M	S	A	I	O	P	O	Z	N	Q	I	V	C
P	B	R	N	K	Ö	R	Z	R	L	K	V	A	W	K
D	K	V	P	O	K	I	E	M	A	S	T	L	M	I
W	V	G	D	T	V	N	S	M	N	Q	B	T	Z	E
W	G	D	H	V	E	E	Q	Y	F	O	Y	H	Q	P

MAST
ANKUR
PURJEKAS
POI
KANUU
KÖIS
MEESKOND
JÕE
SÜSTA
JÄRV

MERI
TÕUSULAINE
MADRUS
MOOTOR
MERED
OOKEAN
LAINED
PRAAM
JAHT
PARV

51 - Chimica

W	G	F	H	T	E	M	P	E	R	A	T	U	U	R
R	O	T	A	A	S	Ü	L	A	T	A	K	E	F	A
M	N	Z	J	R	P	P	I	F	S	E	O	N	T	A
V	T	I	I	R	M	E	G	P	G	R	I	I	N	T
O	R	U	O	E	O	G	C	K	B	C	J	L	D	O
C	V	C	Z	I	L	E	A	H	A	P	N	I	K	M
K	A	A	L	F	E	A	F	A	B	M	N	N	S	I
T	W	Q	H	G	K	I	N	I	S	Ü	S	A	S	Z
P	U	H	L	E	U	T	O	T	I	Ü	U	A	V	L
F	L	U	C	W	L	O	O	S	L	S	M	G	M	W
M	P	V	M	S	R	H	I	F	E	N	U	R	R	I
Q	J	F	I	A	S	K	Z	M	E	E	U	O	O	G
V	E	S	I	N	I	K	C	K	L	Q	K	K	O	V
Z	H	G	I	R	E	L	E	K	T	R	O	N	J	Z
K	L	O	O	R	V	E	D	E	L	I	K	I	A	C

HAPE
LEELIS
AATOMI
KUUMUS
SÜSINIK
KATALÜSAATOR
KLOOR
ELEKTRON
ENSÜÜM
GAAS
VESINIK
IOON
VEDELIK
MOLEKUL
TUUMA
ORGAANILINE
HAPNIK
KAAL
SOOL
TEMPERATUUR

52 - Api

D	A	V	I	I	T	W	M	O	G	L	K	E	I	O
M	E	S	I	J	F	W	E	J	Z	K	U	L	J	T
K	D	L	T	A	R	U	E	J	W	T	N	U	O	I
N	A	K	L	T	O	I	T	Õ	I	S	I	P	Õ	T
N	J	S	G	I	C	V	S	E	D	T	N	A	I	I
W	L	C	U	O	L	A	Ü	H	Z	I	G	I	E	H
I	I	H	B	L	S	H	S	T	G	U	A	K	T	A
H	V	F	K	K	I	A	O	A	A	S	N	K	O	P
J	U	P	F	G	G	K	K	I	C	E	N	I	L	C
P	U	T	U	K	A	S	Ö	M	S	M	A	T	M	M
K	P	S	P	Ä	I	K	E	E	Ü	L	Z	E	Z	V
A	Q	H	Y	U	O	H	C	D	L	F	D	F	G	J
P	A	Y	Z	U	F	B	O	E	E	F	I	A	K	B
Z	O	K	M	W	S	R	I	A	M	Z	D	Y	D	P
M	I	T	M	E	K	E	S	I	S	U	S	K	N	T

TIIVAD
TARU
KASULIK
VAHA
TOIT
MITMEKESISUS
ÖKOSÜSTEEM
LILLED
ÕIS
PUUVILJAD
SUITS
AED
ELUPAIK
PUTUKAS
MESI
TAIMED
ÕIETOLM
KUNINGANNA
SÜLEM
PÄIKE

53 - Strumenti Musicali

H	H	M	A	N	D	O	L	I	I	N	I	K	N	H
L	Ö	Ö	K	P	I	L	L	I	D	C	M	U	B	U
Q	W	G	L	J	J	R	T	I	G	N	L	S	Z	W
Q	Z	V	P	T	L	R	E	P	D	N	E	C	O	Z
R	O	S	I	V	V	E	P	N	G	O	N	G	R	I
O	B	O	E	I	H	V	M	K	R	F	I	T	F	B
I	U	F	F	Y	U	A	O	K	F	O	I	Š	M	R
A	N	N	S	C	I	L	R	M	W	S	R	E	U	J
W	E	K	R	U	V	K	T	F	Z	K	U	L	S	S
Y	Q	Z	C	P	U	N	O	J	N	A	B	L	S	G
M	U	C	A	Z	H	P	O	G	M	S	M	O	I	Q
M	A	R	I	M	B	A	I	M	O	L	A	Z	T	P
U	K	L	A	R	N	E	T	L	U	B	T	D	B	N
R	F	A	G	O	T	T	Ö	Ö	L	F	W	T	Y	A
T	K	I	T	A	R	R	T	R	O	M	B	O	O	N

SUUPILL
HARF
BANJO
KITARR
KLARNET
FAGOTT
FLÖÖT
GONG
MANDOLIIN
MARIMBA
OBOE
LÖÖKPILLID
KLAVER
SAKSOFON
TAMBURIIN
TRUMM
TROMPET
TROMBOON
VIIUL
TŠELLO

54 - Professioni #2

K	I	N	T	S	N	U	K	I	L	A	A	M	O	K
D	I	Õ	K	K	T	O	O	L	I	P	R	I	U	E
Y	L	P	I	I	S	T	W	F	W	Y	K	S	Z	E
L	L	E	N	N	R	T	E	A	I	I	Y	O	T	L
E	U	T	D	A	A	U	W	A	J	I	R	U	U	E
I	S	A	E	J	A	C	R	R	D	K	T	P	J	T
U	T	J	A	R	B	N	I	G	P	L	U	O	G	E
T	R	A	G	I	M	Z	F	O	V	I	A	M	N	A
A	A	O	D	K	A	Q	J	T	J	H	N	N	R	D
J	A	T	Z	A	H	B	I	O	L	O	O	G	E	L
A	T	P	E	J	D	P	G	F	W	U	R	T	N	A
T	O	B	S	A	C	D	V	A	N	E	T	P	E	N
G	R	F	I	L	O	S	O	O	F	C	S	E	S	E
V	Z	O	O	L	O	O	G	Z	Y	N	A	J	N	P
D	E	T	E	K	T	I	I	V	F	Q	V	K	I	S

ASTRONAUT
BIOLOOG
KIRURG
HAMBAARST
DETEKTIIV
FILOSOOF
FOTOGRAAF
AEDNIK
AJAKIRJANIK
ILLUSTRAATOR

INSENER
ÕPETAJA
LEIUTAJA
UURIJA
KEELETEADLANE
ARST
PILOOT
MAALIKUNSTNIK
TEADLANE
ZOOLOOG

55 - Letteratura

B	J	D	G	Q	O	W	E	R	E	S	B	L	K	T
Q	P	S	Z	M	R	W	M	I	L	T	F	U	I	R
Q	F	A	V	H	U	Y	P	I	U	I	W	U	R	A
G	R	O	M	A	A	N	P	M	L	I	H	L	J	G
R	O	O	F	A	T	E	M	T	U	L	V	E	E	Ö
S	T	O	Z	R	L	J	G	Ü	G	Ž	A	T	L	Ö
C	U	M	L	V	P	K	A	R	U	A	N	U	D	D
E	A	Q	V	A	M	E	E	T	N	N	A	S	U	I
T	A	W	U	M	I	E	W	K	K	R	L	U	S	A
D	F	R	S	U	L	D	R	Õ	V	D	O	D	Q	M
V	R	W	M	S	Ü	Ü	L	A	N	A	O	L	N	P
P	O	E	E	T	I	L	I	N	E	O	G	E	B	Y
S	K	A	N	E	K	D	O	O	T	J	I	R	A	C
N	A	H	P	Q	S	V	R	J	B	R	A	Ä	F	C
Y	L	A	V	A	C	Q	M	C	J	B	P	J	D	H

ANALÜÜS
ANALOOGIA
ANEKDOOT
AUTOR
ELULUGU
JÄRELDUS
VÕRDLUS
KIRJELDUS
DIALOOG
ŽANR
METAFOOR
ARVAMUS
LUULETUS
POEETILINE
RIIM
RÜTM
ROMAAN
STIIL
TEEMA
TRAGÖÖDIA

56 - Cibo #2

Q	G	V	K	P	R	P	C	G	T	S	U	U	J	C
K	K	I	E	Q	Š	V	D	G	A	E	E	Q	K	A
K	N	I	S	S	S	O	H	I	M	L	U	W	G	Q
O	O	N	E	E	S	Z	K	L	O	L	P	L	N	G
T	Y	A	S	I	N	K	B	O	T	E	H	E	K	F
D	Q	M	T	B	H	Y	A	K	L	R	F	I	H	T
O	C	A	K	I	R	S	S	K	T	A	R	B	P	W
G	I	R	M	Z	M	Q	T	O	C	L	A	I	P	P
Õ	S	J	U	R	B	R	E	R	G	A	K	D	I	H
U	U	A	N	A	A	N	A	B	D	K	C	L	V	S
S	A	N	A	K	J	O	G	U	R	T	A	Q	I	S
B	A	K	L	A	Ž	A	A	N	N	I	I	F	I	T
Y	A	W	S	Y	J	C	L	K	F	B	N	A	K	R
S	L	T	H	P	F	V	H	R	B	H	C	Z	C	V
D	H	N	I	S	U	P	Z	A	L	Q	Z	L	G	A

BANAAN
BROKKOLI
KIRSS
ŠOKOLAAD
JUUST
SEEN
NISU
KIIVI
ÕUN
BAKLAŽAAN

LEIB
KALA
KANA
TOMAT
SINK
RIIS
SELLER
MUNA
VIINAMARJA
JOGURT

57 - Nutrizione

K	V	A	L	I	T	E	E	T	V	M	J	D	K	V
A	E	C	A	T	K	I	B	E	A	Q	E	I	Ä	I
E	F	L	Z	Y	E	C	L	B	L	I	M	E	Ä	T
S	Ö	Ö	D	A	V	R	M	K	G	G	K	E	R	A
T	E	Q	I	B	W	T	V	F	U	T	A	T	I	M
I	Z	P	E	T	F	F	F	I	D	Q	A	Z	M	I
A	W	P	R	A	O	W	Q	U	S	I	L	H	I	I
M	A	C	O	A	E	K	I	L	E	D	E	V	N	N
E	C	S	L	C	W	C	S	D	O	M	Q	G	E	K
W	N	Y	A	J	E	E	N	I	M	I	D	E	E	S
G	R	U	K	A	K	I	L	S	I	V	R	E	T	Q
T	O	I	T	A	I	N	E	T	A	N	E	Y	E	M
K	A	S	T	E	U	Z	A	R	N	J	D	S	R	J
T	Z	W	G	Q	O	M	O	Ü	H	H	Y	A	D	W
Z	D	I	U	K	I	S	E	V	I	S	Ü	S	C	U

KIBE
ISU
KALOREID
SÜSIVESIKUID
SÖÖDAV
DIEET
SEEDIMINE
KÄÄRIMINE
MAITSE
VEDELIKE
TOITAINE
KAAL
VALGUD
KVALITEET
KASTE
TERVIS
TERVISLIK
VÜRTSID
TOKSIIN
VITAMIIN

58 - Matematica

R	V	Õ	R	R	A	N	D	H	C	K	R	P	C	V
A	A	K	I	T	E	E	M	T	I	R	A	I	H	G
S	Ü	J	S	K	I	L	Ü	K	P	Ö	Ö	R	U	E
C	F	M	O	H	S	Q	D	C	N	D	S	I	L	O
N	V	L	B	O	W	R	W	W	Z	D	U	S	K	M
K	B	T	N	E	N	O	P	S	K	E	M	T	N	E
T	O	D	A	G	R	U	N	W	E	W	M	K	U	E
U	G	M	A	R	P	M	A	U	A	G	A	Ü	R	T
U	V	Y	A	U	F	H	Õ	L	J	B	Z	L	K	R
R	I	S	T	I	Q	H	W	Õ	O	W	P	I	D	I
L	Ä	B	I	M	Õ	Õ	T	M	T	T	J	K	Q	A
P	A	R	A	L	L	E	E	L	S	E	L	T	I	Y
H	K	S	Ü	M	M	E	E	T	R	I	A	U	Q	H
V	O	R	G	F	R	A	K	T	S	I	O	O	N	H
Y	R	R	A	A	D	I	U	S	L	U	G	U	O	H

NURGAD
ARITMEETIKA
KOMA
LÄBIMÕÕT
RAJOON
VÕRRAND
EKSPONENT
FRAKTSIOON
GEOMEETRIA
PARALLEELSELT

RÖÖPKÜLIK
ÜMBERMÕÕT
RISTI
HULKNURK
RUUT
RAADIUS
RISTKÜLIK
SÜMMEETRIA
SUMMA

59 - Meditazione

S	Q	G	R	R	S	V	R	H	J	K	C	V	B	G
Z	A	K	I	B	F	A	A	I	K	E	R	A	G	Q
M	Õ	T	T	E	D	A	H	N	S	N	T	S	S	R
P	Z	R	C	U	R	T	U	G	U	N	Ä	T	A	V
Y	P	F	B	Z	F	L	L	A	K	U	R	U	K	I
T	B	V	D	V	E	U	I	M	I	T	E	V	A	I
B	Ä	S	O	S	S	S	K	I	A	S	N	Õ	H	T
P	W	H	I	U	E	E	T	N	V	A	O	T	F	K
S	O	U	E	G	L	F	J	E	S	A	O	T	W	E
J	O	O	O	L	E	N	I	M	U	K	I	I	L	P
V	N	U	S	E	E	U	L	F	D	D	S	M	P	S
Y	L	Q	F	S	M	P	Q	M	A	W	T	V	N	R
M	U	U	S	I	K	A	A	Y	E	C	O	D	H	E
S	K	G	R	A	H	U	R	N	H	W	M	Z	A	P
P	G	L	O	O	D	U	S	V	U	D	E	H	Y	M

VASTUVÕTT
TÄHELEPANU
RAHULIK
SELGUS
KAASTUNNE
EMOTSIOONE
HEADUS
TÄNU
VAIMNE
MEELES

LIIKUMINE
MUUSIKA
LOODUS
VAATLUS
RAHU
MÕTTED
POOS
PERSPEKTIIV
HINGAMINE
VAIKUS

60 - Elettricità

E	L	A	D	U	S	T	A	M	I	N	E	N	G	J
F	L	P	O	S	I	T	I	I	V	N	E	E	E	U
I	L	E	B	A	A	K	V	M	O	E	P	G	N	H
D	I	T	K	E	J	B	O	D	F	L	I	A	E	T
Y	Z	C	T	T	E	N	G	A	M	E	S	T	R	M
D	I	B	R	N	R	I	P	A	M	K	T	I	A	E
L	A	S	E	R	H	I	L	D	M	T	I	I	A	D
C	P	W	S	U	G	O	K	Z	R	R	K	V	T	F
D	L	B	Q	K	J	V	S	M	O	I	U	N	O	R
D	Q	R	O	A	J	I	K	L	M	L	P	E	R	Q
V	A	R	U	S	T	U	S	Y	F	I	E	V	A	Z
L	T	E	L	E	F	O	N	V	O	N	S	G	V	W
Z	A	S	D	I	Z	U	H	G	Õ	E	A	W	N	N
G	I	M	H	E	Z	B	O	O	O	R	A	S	H	N
R	Z	Z	P	V	S	V	Z	E	G	A	K	Y	S	Q

VARUSTUS
AKU
KAABEL
LADUSTAMINE
ELEKTRIK
ELEKTRILINE
JUHTMED
GENERAATOR
LAMP
PIRN
LASER
MAGNET
NEGATIIVNE
OBJEKTID
POSITIIVNE
PISTIKUPESA
KOGUS
VÕRK
TELEFON

61 - Antiquariato

O	L	H	G	A	N	A	V	W	D	G	Z	Q	F	D
H	K	T	E	I	E	H	C	Ä	D	N	A	J	A	S
V	J	S	M	Ö	Ö	B	E	L	Ä	I	P	B	K	S
U	A	N	J	P	K	D	N	I	H	R	E	Y	U	K
A	J	U	G	O	K	G	T	K	M	E	T	U	C	U
J	O	K	T	C	N	O	N	E	U	E	E	U	W	L
K	I	L	I	R	A	H	A	B	E	T	E	F	S	P
R	F	I	G	N	G	I	G	W	P	S	T	A	T	T
Q	S	D	N	A	I	I	E	C	O	E	I	U	I	U
S	T	I	I	L	L	G	L	O	Z	V	L	T	N	U
H	J	D	W	N	U	E	E	A	S	N	A	E	G	R
F	K	N	H	T	I	P	R	I	O	I	V	N	I	P
F	F	Ü	S	W	Q	D	L	I	D	K	K	T	M	U
O	A	M	K	W	L	F	T	L	I	P	K	N	U	C
D	E	K	O	R	A	T	I	I	V	N	E	E	S	E

KUNST
OKSJON
AUTENTNE
KOGUJA
TINGIMUS
DEKORATIIVNE
ELEGANTNE
GALERII
EBAHARILIK
INVESTEERING
MÖÖBEL
MÜNDID
HIND
KVALITEET
SKULPTUUR
SAJAND
STIIL
VÄÄRTUS
VANA

62 - Escursionismo

C	S	Z	L	P	V	B	L	B	I	F	I	U	O	P
L	A	S	M	A	N	K	Y	K	C	U	M	E	R	Ä
O	A	L	Q	R	E	O	T	P	A	F	E	T	I	I
O	P	K	C	K	N	C	H	J	L	D	J	T	E	K
D	A	V	I	J	I	U	D	U	L	C	U	E	N	E
U	D	I	F	V	M	E	I	R	D	I	B	V	T	G
S	D	Y	T	Q	I	A	M	I	I	L	K	A	A	J
V	E	S	I	D	K	D	R	Ä	C	Z	B	L	T	J
Q	S	Z	A	V	L	E	D	J	G	L	Z	M	S	V
I	D	I	D	N	E	H	U	J	E	I	Q	I	I	Q
K	A	L	J	U	T	E	A	Y	H	G	U	S	O	T
Q	M	K	A	A	R	T	K	Y	J	K	Q	T	O	E
H	O	O	I	W	J	M	E	T	S	I	K	U	N	W
Q	O	A	L	Y	L	W	B	D	U	N	I	S	Ä	V
R	L	L	N	D	Q	Q	J	A	R	A	S	K	E	Y

VESI
LOOMAD
TELKIMINE
KLIIMA
JUHENDID
KAART
MÄGI
LOODUS
ORIENTATSIOON
PARK
OHUD
RASKE
KIVID
ETTEVALMISTUS
KALJU
METSIK
PÄIKE
VÄSINUD
SAAPAD

63 - Professioni #1

T	J	P	S	Ü	H	H	O	L	O	O	G	K	T	U
O	A	A	M	A	D	R	U	S	M	D	O	U	O	S
W	Z	N	H	T	R	E	E	N	E	R	O	N	I	E
M	B	Z	T	I	N	C	H	W	J	S	L	S	M	O
E	H	I	N	S	M	P	I	R	P	Q	O	T	E	A
K	E	E	P	J	I	E	D	Õ	C	K	E	N	T	L
A	A	T	C	Z	J	J	E	O	T	I	G	I	A	C
D	T	R	Z	D	Y	W	A	S	O	S	B	K	J	F
V	E	I	T	A	M	O	V	E	R	U	K	N	A	P
O	A	I	G	O	P	P	G	O	U	U	S	T	V	I
K	D	L	H	Y	G	K	T	I	M	M	U	S	D	A
A	L	E	J	J	T	R	E	K	E	E	T	P	A	N
A	A	V	Z	D	Q	S	A	C	E	O	R	H	H	I
T	N	U	F	K	I	D	A	A	S	R	U	U	S	S
T	E	J	J	F	W	Q	N	G	F	I	U	L	J	T

TREENER
SUURSAADIK
KUNSTNIK
ADVOKAAT
TANTSIJA
PANKUR
JAHIMEES
KARTOGRAAF
TOIMETAJA
APTEEKER

GEOLOOG
JUVELIIR
TORUMEES
ÕDE
MADRUS
MUUSIK
PIANIST
PSÜHHOLOOG
TEADLANE

64 - Antartide

B	L	K	T	B	U	S	G	W	I	J	S	G	L	T
P	R	D	I	L	A	A	R	E	N	I	M	E	I	E
Y	A	J	S	V	U	C	T	N	O	L	T	O	U	A
I	A	Y	E	Z	I	O	G	I	O	W	E	G	S	D
D	S	L	V	K	D	N	J	M	I	N	A	R	T	U
L	L	C	L	O	D	D	E	A	S	V	D	A	I	S
K	O	N	T	I	N	E	N	T	T	A	L	A	K	L
O	O	J	Ä	Ä	O	V	S	I	I	A	A	F	E	I
L	P	W	G	E	K	L	V	L	D	L	N	I	H	K
M	B	B	V	O	K	I	D	I	E	A	E	A	A	O
G	R	O	R	I	S	P	E	Ä	P	D	T	H	L	C
R	Ä	N	N	E	E	W	R	S	S	U	V	G	Y	Y
P	L	Y	M	I	K	K	A	U	K	Z	Y	D	V	V
K	Z	R	R	U	U	T	A	R	E	P	M	E	T	G
M	O	Z	A	S	G	C	S	Y	Y	C	D	W	C	E

VESI
KESKKOND
LAHE
VAALAD
SÄILITAMINE
KONTINENT
GEOGRAAFIA
LIUSTIKE
JÄÄ
SAARED

RÄNNE
MINERAALID
PILVED
POOLSAAR
TEADLANE
KIVINE
TEADUSLIK
EKSPEDITSIOON
TEMPERATUUR

65 - Libri

K	I	R	J	A	N	D	U	S	S	I	L	R	A	N
C	C	G	Z	K	K	E	U	S	H	P	E	T	U	I
T	R	A	A	G	I	L	I	N	E	L	I	N	T	N
K	S	H	W	M	L	U	E	A	N	U	D	V	O	N
G	O	D	E	A	A	U	P	B	I	G	L	R	R	O
H	B	N	V	P	J	L	V	F	M	U	I	C	D	A
R	D	L	T	O	R	I	T	E	U	Z	K	U	B	S
L	O	Z	O	E	I	V	C	V	G	C	K	T	S	J
F	K	M	S	A	K	I	R	O	O	M	U	H	E	A
E	I	F	A	R	O	S	U	L	K	I	E	S	E	K
C	W	K	J	A	J	A	T	S	U	T	U	J	R	O
S	C	L	E	R	N	O	K	O	Z	B	H	Z	I	H
M	E	F	G	E	E	P	I	L	I	N	E	E	A	A
C	O	S	U	S	L	A	A	U	D	K	C	H	L	N
E	N	I	L	O	O	L	A	J	A	H	O	D	L	E

AUTOR
SEIKLUS
KOGUMINE
KONTEKST
DUAALSUS
EEPILINE
LEIDLIK
KIRJANDUS
LUGEJA
JUTUSTAJA
LEHT
LUULE
ASJAKOHANE
ROMAAN
KIRJALIK
SEERIA
LUGU
AJALOOLINE
TRAAGILINE
HUMOORIKAS

66 - Geografia

E	Z	K	Õ	R	G	U	S	L	Ä	Ä	N	E	Õ	J
C	P	I	I	R	K	O	N	D	V	D	Q	V	U	P
E	M	G	P	Õ	H	J	A	L	D	O	Z	J	M	I
R	U	Ä	I	L	M	F	Y	P	G	I	C	T	Q	K
L	I	M	A	A	I	Y	Q	A	Z	A	L	T	Y	K
N	R	M	D	M	E	R	I	D	I	A	A	N	T	U
G	O	K	A	P	N	L	M	K	U	N	J	E	E	S
I	O	P	A	A	E	F	E	T	M	U	N	N	P	K
F	T	P	R	K	I	K	R	D	T	Õ	W	I	H	R
R	I	I	K	P	A	L	I	W	H	L	O	T	L	A
I	R	Z	S	W	U	A	M	N	Z	M	H	N	H	A
Q	R	H	U	E	P	A	R	E	K	L	O	O	P	D
C	E	I	I	S	A	A	R	T	U	U	Q	K	K	S
Y	T	V	A	A	T	L	A	S	L	F	F	H	Z	Q
U	J	T	L	P	J	P	C	Z	U	V	V	S	I	I

KÕRGUS
ATLAS
LINN
KONTINENT
POOLKERA
JÕE
SAAR
LAIUSKRAAD
PIKKUSKRAAD
KAART
MERI
MERIDIAAN
MAAILM
MÄGI
PÕHJA
LÄÄNE
RIIK
PIIRKOND
LÕUNA
TERRITOORIUM

67 - Cibo #1

L	A	R	U	L	S	P	P	G	L	S	C	N	M	L
I	L	U	T	T	T	I	I	O	T	B	R	M	B	O
H	K	K	S	Z	R	J	D	P	R	O	U	L	Y	G
A	J	H	P	A	M	Z	U	R	A	G	D	W	T	S
T	U	U	N	I	K	A	L	A	U	R	A	P	E	I
S	K	S	R	A	U	G	E	S	R	N	M	N	U	B
P	O	A	I	N	A	L	E	O	A	C	I	Ü	D	U
I	O	L	P	A	L	G	N	T	I	B	I	M	N	L
N	K	A	L	E	S	I	A	O	A	R	P	E	J	T
A	A	T	K	R	Ü	J	K	S	O	O	L	B	A	H
T	S	Z	V	I	Ü	D	I	U	O	F	O	V	J	Q
N	P	N	F	S	K	E	Q	J	D	U	Z	Q	P	M
Z	O	N	D	A	N	T	O	J	R	O	H	D	P	A
H	B	A	S	I	I	L	I	K	A	F	P	H	U	H
Q	J	V	F	M	A	A	S	I	K	A	S	Z	E	L

KÜÜSLAUK
BASIILIK
KANEEL
LIHA
PORGAND
SIBUL
MAASIKAS
SALAT
PIIM
SIDRUN
PIPARMÜNT
ODRA
PIRN
NAERIS
SOOL
SPINAT
MAHL
TUUNIKALA
KOOK
SUHKUR

68 - Etica

K	I	L	T	S	I	Õ	M	H	V	T	O	U	J	U
V	O	Q	I	P	H	P	N	I	E	O	O	M	A	D
Ä	G	O	I	S	U	V	I	L	L	A	S	O	R	A
Ä	F	Q	S	N	V	T	H	G	T	I	D	O	U	V
R	V	Y	U	T	I	A	U	S	U	S	K	U	Z	Y
I	H	K	K	B	Ö	M	S	I	L	A	E	R	S	M
K	D	J	R	O	I	Ö	K	J	P	P	M	U	Q	K
U	I	C	A	J	A	I	F	O	O	S	O	L	I	F
S	K	O	T	T	J	A	W	K	N	S	W	I	K	S
H	E	A	T	A	H	T	L	I	K	D	C	A	P	P
I	N	D	I	V	I	D	U	A	L	I	S	M	Y	Z
A	L	T	R	U	I	S	M	S	I	M	I	T	P	O
E	E	W	V	S	K	A	A	S	T	U	N	N	E	Z
L	U	G	U	P	I	D	A	V	N	G	P	H	V	Z
O	T	S	T	A	R	B	E	K	U	S	E	W	O	L

ALTRUISM
HEATAHTLIK
KAASTUNNE
KOOSTÖÖ
VÄÄRIKUS
FILOSOOFIA
HEADUS
INDIVIDUALISM
AUSUS
OPTIMISM
MÕISTLIK
OTSTARBEKUSE
REALISM
LUGUPIDAV
TARKUS
SALLIVUS
INIMKOND

69 - Aeroplani

A	F	S	A	V	E	A	T	A	K	H	Õ	O	N	W
P	D	E	P	I	L	O	O	T	Ü	G	B	R	E	W
T	I	I	U	A	A	N	R	O	T	O	O	M	V	M
U	S	K	D	S	T	Y	N	D	U	S	S	Q	E	A
R	A	L	I	M	U	M	E	P	S	C	B	A	S	A
B	I	U	U	P	G	U	O	N	H	T	U	J	I	N
U	N	S	W	L	U	L	N	S	M	B	M	I	N	D
L	Y	U	F	F	L	C	H	D	F	T	K	S	I	U
E	N	G	L	L	A	P	U	H	Õ	Ä	P	I	K	M
N	D	R	V	A	J	W	Q	M	P	M	Ä	E	V	I
T	F	Õ	C	T	A	C	W	V	T	M	C	R	T	N
S	J	K	U	K	M	E	E	S	K	O	N	D	P	E
L	A	S	K	U	M	I	N	E	F	U	L	A	L	R
N	A	V	I	G	E	E	R	I	D	A	B	T	L	N
V	J	M	E	H	I	T	U	S	W	O	T	O	I	C

KÕRGUS
ÕHK
ATMOSFÄÄR
MAANDUMINE
SEIKLUS
KÜTUS
TAEVAS
EHITUS
DISAIN
SUUND
LASKUMINE
MEESKOND
VESINIK
MOOTOR
NAVIGEERIDA
ÕHUPALL
REISIJA
PILOOT
AJALUGU
TURBULENTS

70 - Governo

T	V	Õ	R	D	S	U	S	L	B	R	M	E	C	D
P	S	K	I	I	R	F	H	H	O	A	O	G	G	E
A	U	I	B	V	P	H	M	Z	B	H	N	S	O	M
R	S	L	V	T	K	Õ	W	A	K	V	U	Ü	R	O
U	D	S	M	I	D	I	H	R	I	U	M	M	R	K
T	N	U	G	J	I	R	S	I	L	S	E	B	D	R
E	O	V	C	H	J	L	U	M	S	J	N	O	I	A
L	K	H	S	A	M	H	V	B	U	E	T	L	G	A
U	A	A	Y	K	A	A	S	E	G	H	A	F	I	T
H	D	R	P	O	L	I	I	T	I	K	A	D	M	I
F	O	F	L	H	L	S	E	H	Õ	K	U	P	U	A
V	K	K	H	A	Z	A	S	U	G	I	Õ	E	Q	S
S	M	D	Õ	P	Y	S	E	J	Z	M	N	L	C	Q
M	R	C	V	N	Y	A	S	O	A	N	N	I	L	R
W	S	U	D	A	E	S	I	V	A	B	A	D	U	S

JUHT
KODAKONDSUS
TSIVIIL
PÕHISEADUS
DEMOKRAATIA
KÕNE
ARUTELU
ÕIGUSLIK
ÕIGUS
ISESEISVUS
SEADUS
VABADUS
MONUMENT
RAHVUSLIK
RAHVUS
POLIITIKA
LINNAOSA
SÜMBOL
RIIK
VÕRDSUS

71 - Bellezza

B	F	H	R	Q	Z	V	I	S	K	L	Õ	K	L	M
E	T	U	I	E	G	L	U	H	Ä	O	L	O	Õ	L
L	L	U	P	K	P	Q	K	J	Ä	K	I	S	H	G
E	F	L	S	W	J	D	H	A	R	I	D	M	N	U
G	O	E	M	C	E	V	R	V	I	D	Q	E	R	T
A	T	P	E	V	Ä	R	V	Õ	D	L	A	E	B	D
N	O	U	T	Q	A	U	L	L	R	F	N	T	Q	G
T	G	L	U	D	S	M	E	U	M	R	A	I	G	P
N	E	K	Š	E	L	E	G	A	N	T	S	K	A	C
E	E	F	Š	S	A	R	E	J	O	S	Z	A	R	I
L	N	R	Z	U	E	P	E	Q	O	I	W	H	O	L
F	N	H	Q	N	O	J	P	Q	P	L	T	O	O	N
J	E	U	U	E	N	A	H	K	M	I	J	D	M	L
T	O	O	T	E	D	O	F	A	A	T	K	F	A	Q
N	R	V	R	T	G	V	R	H	Š	S	A	Z	O	F

VÄRV
KOSMEETIKA
ELEGANTNE
ELEGANTS
VÕLU
KÄÄRID
FOTOGEENNE
AROOM
ARMU
RIPSMETUŠŠ
ÕLID
NAHK
TOOTED
LÕHN
LOKID
HUULEPULK
TEENUSED
ŠAMPOON
PEEGEL
STILIST

72 - Avventura

Z	V	Ä	L	J	A	K	U	T	S	E	D	P	L	E
W	V	C	F	M	A	E	T	E	L	O	G	K	O	B
Y	A	S	E	J	C	Z	N	Q	E	U	E	M	O	A
E	T	T	E	V	A	L	M	I	S	T	U	S	D	H
B	A	S	O	N	J	U	Õ	V	U	F	S	A	U	A
N	L	B	I	H	P	F	Õ	B	L	Y	H	I	S	R
J	L	J	G	H	U	B	R	H	A	S	V	S	S	I
Q	Ü	L	T	J	T	T	T	D	M	Õ	O	U	N	L
R	Z	A	B	Z	T	K	U	Q	I	B	C	T	C	I
T	E	G	E	V	U	S	O	S	Õ	R	C	N	K	K
T	I	L	U	M	N	F	S	H	V	A	P	E	G	I
T	E	E	K	O	N	D	Q	S	T	D	U	U	S	L
N	A	V	I	G	A	T	S	I	O	O	N	U	I	T
K	E	K	S	K	U	R	S	I	O	O	N	N	T	H
C	R	A	S	K	U	S	E	D	B	V	D	D	V	O

SÕBRAD
TEGEVUS
ILU
VÕIMALUS
SIHTKOHT
RASKUSED
ENTUSIASM
EKSKURSIOON
RÕÕM
EBAHARILIK
TEEKOND
LOODUS
NAVIGATSIOON
UUS
OHTLIK
ETTEVALMISTUS
VÄLJAKUTSED
OHUTUS
ÜLLATAV

73 - Forme

H	Y	N	E	Z	E	G	M	S	U	N	O	O	K	H
K	Ü	Y	U	N	U	N	T	I	N	Y	P	L	R	U
I	W	P	T	R	K	T	Y	L	A	A	V	O	U	L
L	I	F	E	A	K	E	Y	I	D	H	F	N	N	K
Ü	M	E	J	R	B	V	G	N	I	R	Z	N	M	N
K	Q	I	Z	E	B	J	N	D	I	Z	A	G	L	U
T	E	O	M	K	F	O	Y	E	M	I	M	A	O	R
S	E	R	V	A	D	F	O	R	A	J	S	T	K	K
I	E	L	L	I	P	S	M	L	R	R	I	D	A	I
R	R	G	O	M	U	T	C	O	Ü	E	R	N	M	B
Q	D	M	D	B	W	D	A	O	P	V	P	D	W	U
E	M	W	U	C	K	Y	B	P	U	Õ	B	M	H	U
F	T	L	S	T	E	E	O	I	Y	K	S	E	C	K
R	U	U	T	P	H	S	H	C	I	Z	U	B	Y	Q
D	W	Y	E	S	K	B	B	Q	K	Z	I	K	R	C

NURK
KAAR
SERVAD
RING
SILINDER
KOONUS
KUUBIK
KÕVER
ELLIPS
HÜPERBOOL
POOL
RIDA
OVAAL
PÜRAMIID
HULKNURK
PRISMA
RUUT
RISTKÜLIK
KERA
KOLMNURK

74 - Oceano

V	N	T	A	W	B	K	S	U	U	D	E	M	F	G
H	K	K	N	G	J	A	O	E	K	W	U	S	F	F
K	Ä	I	G	D	A	H	O	L	O	O	D	E	T	E
O	S	L	E	I	K	E	L	P	A	W	V	V	A	K
T	N	P	R	P	U	K	W	K	L	N	Z	I	Y	W
M	A	K	J	M	N	S	M	R	E	T	S	U	A	K
R	L	O	A	M	B	A	W	E	B	J	L	J	B	O
O	A	N	S	T	Q	J	E	V	B	Z	G	A	N	R
T	K	N	O	J	Y	A	V	E	O	D	A	V	T	A
H	A	I	R	A	K	L	W	T	Z	Y	N	M	H	L
V	V	A	K	I	Y	G	N	I	I	F	L	E	D	L
Y	A	Z	P	R	D	S	A	D	W	C	J	T	D	G
U	A	R	K	I	A	L	A	K	I	N	U	U	T	W
V	L	K	N	L	D	B	O	U	O	B	B	R	B	L
L	A	I	N	E	D	J	I	K	W	I	C	U	H	Z

ANGERJAS
VAAL
PAAT
KORALL
DELFIIN
KREVETID
KRABI
LOODETE
MEDUUS
LAINED

AUSTER
KALA
KAHEKSAJALG
SOOL
KARI
KÄSNA
HAI
KILPKONN
TORM
TUUNIKALA

75 - Creatività

K	U	N	S	T	I	L	I	N	E	P	I	B	V	B
A	M	W	T	G	E	N	N	A	A	T	N	O	P	S
T	U	N	N	E	J	L	U	M	A	L	T	K	T	D
V	O	O	L	A	V	U	S	P	P	I	E	A	K	R
E	L	U	J	Õ	U	D	U	K	E	P	N	T	T	A
D	D	J	A	Q	U	I	U	Z	N	M	S	V	F	M
I	N	T	U	I	T	S	I	O	O	N	I	Ä	N	A
E	L	Z	P	G	U	M	U	F	O	F	I	L	Ä	A
D	E	E	D	I	P	E	Y	K	I	J	V	J	G	T
N	I	A	I	K	R	T	K	A	S	T	S	E	E	I
U	C	T	I	D	P	B	J	C	T	O	U	N	M	L
T	E	F	Q	I	L	I	D	P	O	L	S	D	U	I
S	E	L	G	U	S	I	K	Y	M	S	C	U	S	N
U	O	F	F	S	E	M	K	S	E	V	S	S	E	E
A	A	U	T	E	N	T	S	U	S	V	E	B	D	Z

OSKUS
KUNSTILINE
AUTENTSUS
SELGUS
DRAMAATILINE
EMOTSIOONE
VÄLJENDUS
VOOLAVUS
IDEED
PILT
MULJE
INTENSIIVSUS
INTUITSIOON
LEIDLIK
TUNNE
TUNDEID
SPONTAANNE
NÄGEMUSED
ELUJÕUDU

76 - Veicoli

P	A	A	T	V	G	V	I	A	M	E	D	U	R	B
M	V	E	K	D	E	O	S	S	S	O	T	U	A	U
J	E	B	H	I	P	O	S	K	A	T	O	V	K	S
K	A	E	J	V	A	M	A	A	R	P	O	T	Y	S
I	L	L	T	H	R	D	A	U	E	U	R	T	O	W
I	E	L	G	E	V	S	B	Z	T	R	T	U	T	R
R	E	E	N	R	P	V	L	U	P	O	E	Z	R	E
A	V	N	O	H	A	G	A	P	O	O	M	U	A	L
B	L	N	R	F	L	T	T	E	K	A	R	I	K	L
I	L	U	A	G	T	D	A	E	I	V	A	N	T	O
D	A	K	V	J	U	G	O	S	L	Q	W	D	O	R
K	S	B	L	C	D	H	G	Y	E	A	Z	A	R	S
D	E	V	C	Z	S	Z	A	Z	H	U	V	F	W	E
Y	Y	U	N	C	O	A	U	I	G	Y	W	B	H	N
V	P	F	D	M	P	D	T	L	Q	F	E	E	R	T

LENNUK
KIIRABI
AUTO
BUSS
PAAT
JALGRATAS
VEOAUTO
HELIKOPTER
VAN
METROO
MOOTOR
REHVID
RAKETT
ROLLER
ALLVEELAEV
TAKSO
PRAAM
TRAKTOR
RONG
PARV

77 - Natura

L	Y	C	Z	W	C	T	I	M	O	I	Q	T	R	F
D	E	V	L	I	P	E	P	E	D	U	J	L	A	K
S	P	H	E	N	I	L	I	T	K	R	A	A	H	F
A	B	Y	E	L	J	N	T	S	L	L	Y	U	U	S
N	I	V	N	S	U	E	O	I	C	O	E	D	L	N
C	H	R	T	O	T	B	S	K	I	Y	O	U	I	E
T	F	U	N	O	O	I	S	O	R	E	B	M	K	O
U	M	E	V	U	P	A	K	J	I	L	U	P	A	Z
A	V	A	R	J	U	P	A	I	K	P	Y	J	H	D
R	K	L	I	U	S	T	I	K	H	U	M	Õ	U	M
Y	Y	Õ	S	W	D	E	S	A	L	I	S	E	M	E
T	V	C	R	E	E	N	I	L	I	P	O	O	R	T
B	Y	S	T	B	K	A	E	L	U	L	I	N	E	S
D	Ü	N	A	A	M	I	L	I	N	E	Y	P	O	A
D	O	I	T	C	L	M	N	W	Z	Y	E	G	E	E

LOOMAD
MESILASED
ARKTILINE
ILU
KÕRB
DÜNAAMILINE
EROSIOON
JÕE
LEHESTIK
METS
LIUSTIK
UDU
PILVED
VARJUPAIK
SANCTUARY
KALJUD
METSIK
RAHULIK
TROOPILINE
ELULINE

78 - Balletto

B	G	R	A	A	T	S	I	L	I	N	E	H	Q	A
I	N	T	E	N	S	I	I	V	S	U	S	R	D	K
K	P	O	D	P	E	H	T	B	C	R	H	Q	H	I
Z	C	W	D	M	C	E	E	Y	Q	Q	B	L	E	Y
C	E	Y	P	O	T	L	H	K	R	Q	N	M	N	O
Q	E	O	L	F	A	I	N	D	E	S	A	H	I	L
P	U	B	L	I	K	L	I	A	T	U	V	W	L	O
Z	R	M	V	P	I	O	K	J	S	A	A	Q	I	O
H	C	O	M	G	S	O	A	I	E	L	T	J	T	S
Ž	E	S	T	H	U	J	K	S	K	P	O	I	S	Z
P	J	H	Q	F	U	A	I	T	R	A	S	H	N	H
S	T	I	I	L	M	R	H	N	O	B	K	W	U	R
W	C	O	G	G	T	V	Ü	A	A	I	U	G	K	M
B	A	L	E	R	I	I	N	T	W	N	S	G	F	N
P	E	A	P	R	O	O	V	W	M	B	I	G	T	V

OSKUS
APLAUS
KUNSTILINE
SOOLO
BALERIIN
TANTSIJAD
HELILOOJA
ŽEST
GRAATSILINE
INTENSIIVSUS
LIHASED
MUUSIKA
ORKESTER
TAVA
PEAPROOV
PUBLIK
RÜTM
STIIL
TEHNIKA

79 - Paesi #1

P	H	Q	S	M	F	D	D	C	D	O	S	Q	D	D
O	H	I	L	E	A	R	S	I	I	K	A	A	R	I
O	J	H	S	O	N	O	R	D	O	O	K	R	R	Y
L	I	J	I	P	Y	E	K	W	Z	R	S	R	U	K
A	I	D	N	I	A	Z	G	H	K	A	A	O	M	E
A	O	V	Q	A	M	A	N	A	P	M	M	N	E	S
V	I	E	T	N	A	M	N	O	L	H	A	N	E	K
K	A	M	B	O	D	Ž	A	I	S	E	A	C	N	A
B	R	A	S	I	I	L	I	A	A	U	B	G	I	N
E	G	I	P	T	U	S	C	T	N	J	Q	N	A	A
K	Y	W	N	J	R	S	L	I	I	B	Ü	A	N	D
H	F	D	O	K	L	A	O	U	L	Z	A	Z	D	A
B	Y	I	B	L	O	U	S	O	A	U	T	Z	C	S
H	W	O	D	W	F	I	F	I	M	Q	H	H	K	P
W	U	Y	E	A	A	L	E	U	Z	E	N	E	V	J

BRASIILIA
KAMBODŽA
KANADA
EGIPTUS
SOOME
SAKSAMAA
INDIA
IRAAK
IISRAEL
LIIBÜA
MALI
MAROKO
NORRA
PANAMA
POOLA
RUMEENIA
SENEGAL
HISPAANIA
VENEZUELA
VIETNAM

80 - Geometria

K	N	T	L	E	S	L	E	E	L	L	A	R	A	P
Q	O	S	T	Ä	K	U	V	R	O	C	J	A	I	C
O	P	L	N	W	B	D	A	K	V	Y	J	O	P	T
R	A	P	M	T	E	I	M	E	D	I	A	A	N	U
K	I	R	N	N	S	A	M	D	N	A	R	R	Õ	V
Õ	R	N	G	U	U	F	O	Õ	K	Õ	V	E	R	R
R	T	V	G	T	T	R	I	Õ	Õ	E	O	K	P	A
G	E	L	P	V	U	S	K	M	F	T	T	F	I	I
U	E	O	Z	W	V	L	R	E	D	N	L	O	U	D
S	M	O	R	F	R	B	U	V	E	E	C	F	D	O
H	M	G	O	P	A	U	N	S	I	M	J	E	L	P
N	Ü	I	O	Z	Q	K	Z	V	J	G	D	Z	G	I
U	S	K	P	M	Z	F	J	E	D	E	N	R	L	N
R	V	A	I	R	O	O	E	T	A	S	O	L	G	D
H	O	R	I	S	O	N	T	A	A	L	N	E	D	O

KÕRGUS
NURK
ARVUTUS
RING
KÕVER
LÄBIMÕÕT
MÕÕDE
VÕRRAND
LOOGIKA
MEDIAAN
ARV
HORISONTAALNE
PARALLEELSELT
OSA
SEGMENT
SÜMMEETRIA
PIND
TEOORIA
KOLMNURK

81 - Foresta Pluviale

K	P	O	I	D	P	Q	C	W	V	Q	M	K	V	B
H	I	U	H	S	U	D	O	O	L	J	I	O	A	O
L	I	H	K	U	T	E	A	J	B	J	T	G	R	T
U	E	G	E	T	U	V	B	C	G	F	M	U	J	A
Y	N	H	L	S	K	L	P	I	D	S	E	K	U	A
J	I	P	B	U	A	I	W	A	E	Ä	K	O	P	N
W	M	F	F	A	D	P	S	M	S	I	E	N	A	I
V	Ä	Ä	R	T	U	S	L	I	K	L	S	D	I	L
Y	Ä	D	L	I	I	K	A	I	I	I	I	V	K	I
F	J	T	Ž	F	G	S	M	L	A	T	S	L	K	N
B	U	D	Z	U	P	D	M	K	P	A	U	I	W	E
D	L	L	P	L	N	Q	A	O	E	M	S	N	N	E
Q	L	E	J	K	T	G	S	B	H	I	H	N	F	N
O	E	W	A	B	E	I	E	T	A	N	Y	U	O	C
I	M	E	T	A	J	A	D	L	K	E	N	D	S	G

KAHEPAIKSED
BOTAANILINE
KLIIMA
KOGUKOND
MITMEKESISUS
DŽUNGEL
PUTUKAD
IMETAJAD
SAMMAL
LOODUS
PILVED
SÄILITAMINE
VÄÄRTUSLIK
VARJUPAIK
AUSTUS
ELLUJÄÄMINE
LIIK
LINNUD

82 - Edifici

S	S	O	L	L	E	T	S	O	H	L	K	O	O	L
A	L	G	I	A	H	L	F	T	K	I	N	O	Y	P
A	D	D	U	B	I	B	D	E	E	P	U	Y	I	O
T	A	C	A	O	P	P	Q	K	J	H	N	A	B	G
K	L	B	A	R	F	N	K	R	E	T	A	E	T	F
O	M	U	U	S	E	U	M	A	M	E	P	S	K	K
N	M	Z	D	W	U	D	Q	M	L	L	E	T	O	H
D	Ü	L	I	K	O	O	L	R	T	K	L	W	B	S
S	T	A	A	D	I	O	N	E	O	E	E	W	T	A
W	U	N	Z	I	H	Q	V	P	R	H	H	F	T	L
Z	L	W	E	N	W	N	Z	U	N	E	Ä	U	H	O
T	N	H	L	D	M	Y	T	S	B	O	T	H	S	N
L	O	K	I	J	Q	G	M	V	J	J	Z	R	F	G
J	L	P	P	T	K	L	F	I	C	O	F	D	O	I
F	K	E	G	Y	Q	M	J	T	G	F	A	I	T	K

SAATKOND
KORTER
SALONGI
LOSS
KINO
TEHAS
AIT
HOTELL
LABOR
MUUSEUM
HAIGLA
TÄHELEPANU
HOSTEL
KOOL
STAADION
SUPERMARKET
TEATER
TELK
TORN
ÜLIKOOL

83 - Malattia

H	C	E	Z	C	A	U	M	L	U	T	Y	L	P	Y
P	E	N	I	L	I	N	O	O	R	K	K	C	Ä	H
Õ	N	A	J	R	G	D	O	H	U	N	A	Q	R	E
L	E	H	O	F	G	J	R	U	B	E	M	M	I	N
E	U	G	I	L	S	Ü	D	A	A	O	F	C	L	I
T	R	I	R	S	U	S	N	U	U	M	M	I	I	L
I	O	V	O	A	S	O	Ü	H	Q	A	G	Y	K	I
K	P	E	A	S	P	U	S	Õ	Y	H	W	G	R	T
I	A	V	S	K	O	N	D	K	C	S	F	G	Õ	E
H	A	Q	I	C	K	W	R	A	T	G	Z	K	N	E
Q	T	I	K	E	H	A	E	W	S	E	Y	N	T	N
D	I	P	W	B	P	O	N	Q	T	I	R	D	K	E
D	A	I	G	R	E	L	L	A	K	R	L	V	E	G
H	I	N	G	A	M	I	S	T	E	E	D	E	I	N
R	A	V	I	G	Q	Ä	G	E	V	S	T	D	F	S

ÄGE
KÕHU
ALLERGIAD
HEAOLU
NAKKAV
KEHA
KROONILINE
SÜDA
NÕRK
PÄRILIK
GENEETILINE
IMMUUNSUS
PÕLETIK
NIMME
NEUROPAATIA
KOPSU
HINGAMISTEEDE
TERVIS
SÜNDROOM
RAVI

84 - Paesi #2

S	R	N	Y	W	U	H	D	H	M	M	V	M	Z	I
J	M	E	H	H	I	K	O	N	A	A	D	U	S	N
A	A	K	E	E	R	K	Y	I	C	I	C	Z	M	D
P	P	A	A	M	E	N	E	V	I	R	T	Z	L	O
P	A	U	P	T	A	A	N	I	A	Ü	B	I	N	N
W	D	K	Q	A	U	A	R	B	M	Ü	J	L	E	E
A	N	F	I	N	N	C	I	U	A	S	I	K	P	E
J	A	D	A	S	O	A	L	F	J	K	Q	Q	A	S
G	G	S	R	K	T	Y	O	S	Y	Y	S	L	L	I
Q	U	U	R	E	Y	A	I	R	E	E	B	I	L	A
U	K	R	A	I	N	A	N	H	P	V	I	F	P	R
N	I	G	E	E	R	I	A	A	M	I	R	I	I	A
E	T	I	O	O	P	I	A	J	T	S	S	H	T	N
N	W	T	E	K	Q	M	B	R	L	Z	R	J	G	U
U	A	L	B	A	A	N	I	A	C	P	H	Z	S	V

ALBAANIA
TAANI
ETIOOPIA
JAMAICA
JAAPAN
KREEKA
HAITI
INDONEESIA
IIRIMAA
LAOS
LIBEERIA
MEHHIKO
NEPAL
NIGEERIA
PAKISTAN
VENEMAA
SÜÜRIA
SUDAAN
UKRAINA
UGANDA

85 - Tipi di Capelli

H	C	H	K	P	O	Z	O	L	V	I	U	K	V	T
M	V	B	I	R	E	L	I	S	Ä	Y	P	P	A	Y
S	U	H	Q	S	B	H	W	P	R	Y	A	Õ	L	H
B	O	K	B	Q	Õ	Y	M	A	V	E	E	I	G	A
G	L	S	H	Y	H	E	V	E	I	M	L	M	E	L
Y	F	O	L	O	K	K	I	S	T	Õ	A	I	G	L
Y	I	P	N	A	K	I	R	S	U	H	D	T	R	N
D	N	O	A	D	I	H	N	B	D	U	D	U	O	I
F	P	A	V	O	P	Ü	I	S	I	K	A	D	I	T
K	I	I	L	A	S	L	A	H	K	E	A	Z	P	K
N	D	E	C	I	T	A	P	C	O	A	L	N	A	B
P	H	A	G	U	O	H	M	N	L	S	P	Q	V	T
T	U	N	F	Z	W	N	U	U	R	P	O	C	R	E
C	J	F	N	K	I	L	S	I	V	R	E	T	I	L
Q	H	C	M	Z	Z	O	T	M	Q	D	I	E	W	W

HÕBE
KUIV
VALGE
BLOND
LÜHIKE
KIILAS
VÄRVITUD
HALL
PÕIMITUD
SILE
PIKK
PRUUN
PEHME
MUST
LOKKIS
LOKID
TERVISLIK
ÕHUKE
PAKS
PAELAD

86 - Vestiti

J	G	D	I	M	Y	P	Z	K	M	Y	V	T	E	R
Y	O	V	B	O	Z	I	S	J	P	Ü	N	C	R	N
D	V	P	A	O	W	D	J	R	K	E	T	D	D	E
D	G	S	E	D	K	Ž	K	R	Ä	S	I	S	V	A
D	P	B	B	A	Z	A	I	M	C	U	E	N	M	K
S	Ü	D	O	G	O	A	N	C	A	R	L	L	Õ	P
B	K	I	Q	U	N	M	G	W	B	Õ	K	L	A	Z
Y	S	L	A	C	C	A	A	P	D	V	J	A	Y	A
E	I	A	C	K	A	E	L	A	K	E	E	S	U	O
W	D	A	D	N	I	K	O	O	H	Ä	V	Ö	Ö	A
S	U	D	E	L	R	L	O	S	G	K	M	S	G	F
M	A	N	T	E	L	J	E	W	S	C	D	I	A	Q
C	Z	A	P	L	U	U	S	E	T	E	K	S	A	D
N	U	S	P	M	A	K	H	K	S	K	E	W	H	B
Z	U	M	O	N	R	K	F	H	T	E	H	R	U	M

KLEIT
KÄEVÕRU
PLUUS
SÄRK
MÜTS
MANTEL
VÖÖ
KAELAKEE
JOPE
SEELIK
PÕLL
KINDAD
TEKSAD
KAMPSUN
MOOD
PÜKSID
PIDŽAAMA
SANDAALID
KINGA
SALL

87 - Attività e Tempo Libero

K	U	N	S	T	P	G	T	E	N	N	I	S	V	K
Y	P	F	U	P	Q	G	E	A	P	I	B	U	Õ	A
S	Q	O	D	M	S	Z	E	A	G	O	A	M	R	L
Q	D	A	N	P	Q	U	U	D	T	S	K	B	K	A
D	N	Y	A	C	T	I	K	G	R	P	B	S	P	P
K	E	N	I	M	I	K	L	E	T	J	F	Q	A	Ü
M	I	I	A	V	Z	V	L	P	L	A	A	M	L	Ü
T	A	I	K	A	L	E	A	E	L	D	F	Y	L	K
Y	S	T	Q	T	T	W	P	S	A	I	U	A	A	U
V	T	D	K	S	O	T	V	A	P	B	W	M	M	J
G	O	L	F	A	R	Q	R	P	G	O	T	D	A	U
O	E	M	Z	G	M	A	O	A	L	H	S	J	M	M
N	T	C	N	Õ	K	I	K	L	A	I	S	W	G	I
G	G	R	J	Õ	U	Z	N	L	J	R	F	N	P	N
I	W	O	P	L	M	L	H	E	K	H	D	G	B	E

KUNST
PESAPALL
KORVPALL
POKS
JALGPALL
TELKIMINE
MATKAMINE
AIANDUS
GOLF
HOBID
SUKELDUMA
UJUMINE
VÕRKPALL
KALAPÜÜK
MAAL
LÕÕGASTAV
TENNIS

88 - Arte

K	O	J	S	I	M	A	S	A	I	R	N	O	T	R
E	R	O	Ü	N	A	H	K	R	U	W	Z	B	P	G
R	I	O	R	S	A	I	U	I	B	S	T	W	O	V
A	G	N	R	P	L	E	L	U	U	L	O	J	E	A
A	I	I	E	I	I	N	P	R	W	V	T	U	J	U
M	N	S	A	R	D	I	T	N	E	Ä	L	U	U	A
I	A	I	L	E	B	L	U	K	I	L	K	I	S	I
K	A	T	I	E	O	U	U	A	R	J	E	J	M	Z
A	L	S	S	R	U	R	R	T	C	E	W	N	P	Z
A	Z	O	M	I	T	E	E	M	A	N	J	E	K	H
Y	Q	O	B	T	B	E	U	F	B	D	N	W	I	G
E	J	K	O	U	V	K	K	S	A	U	R	Y	A	P
Q	T	C	B	D	L	O	B	M	Ü	S	S	O	P	H
Z	C	G	K	U	J	U	T	A	D	A	N	O	O	O
F	C	W	H	N	K	L	I	H	T	N	E	B	F	C

KERAAMIKA
KEERULINE
KOOSTIS
LUUA
MAALID
VÄLJENDUS
JOONIS
INSPIREERITUD
AUS
ORIGINAAL
ISIKLIK
LUULE
KUJUTADA
SKULPTUUR
LIHTNE
SÜMBOL
TEEMA
SÜRREALISM
TUJU

89 - Meteo

Y	V	M	I	P	Ä	V	S	V	T	Y	L	L	W	A
P	I	U	M	A	Õ	I	O	J	Ä	P	U	B	E	W
P	K	S	E	M	R	U	K	U	K	L	P	D	G	Q
O	E	S	L	W	P	K	D	E	N	U	K	H	H	B
L	R	O	I	L	C	D	J	G	A	U	W	E	S	N
A	K	O	H	B	Z	O	O	E	A	T	A	C	K	L
A	A	N	T	P	F	F	U	G	K	T	W	M	J	W
R	A	P	N	R	U	U	T	A	R	E	P	M	E	T
N	R	I	E	N	I	L	I	P	O	O	R	T	Y	A
E	I	L	F	S	Z	C	L	W	U	T	W	G	Z	E
T	B	V	Y	F	J	Ä	Ä	M	D	P	F	A	J	V
A	T	M	O	S	F	Ä	Ä	R	U	V	J	L	V	A
W	Y	R	G	O	D	F	B	K	L	I	I	M	A	S
L	U	O	T	O	R	N	A	A	D	O	L	G	Q	D
Y	Y	T	Z	D	C	N	U	B	F	E	S	I	J	I

VIKERKAAR
KUIV
ATMOSFÄÄR
IMELIHTNE
TAEVAS
KLIIMA
VÄLK
JÄÄ
MUSSOON
UDU
PILV
POLAARNE
PÕUD
TEMPERATUUR
TORM
TORNAADO
TROOPILINE
ÄIKE
ORKAAN
TUUL

90 - Corpo Umano

P	L	B	S	I	U	I	E	N	E	V	T	Y	S	D
U	Õ	G	U	U	L	K	H	A	P	K	A	T	Y	R
T	O	L	U	V	L	Õ	U	G	P	Õ	U	E	D	J
I	R	E	V	O	O	D	B	W	H	H	K	V	Q	A
J	I	A	N	I	N	S	H	H	F	T	Ä	M	P	G
I	P	K	L	I	R	Y	O	M	K	S	S	O	G	U
U	G	F	N	H	L	P	K	E	K	D	I	N	S	D
C	B	B	O	M	T	F	S	T	U	Õ	E	B	E	M
N	I	H	W	A	N	N	M	Õ	N	L	C	I	N	L
A	L	Q	R	C	S	Ä	E	K	R	G	O	V	E	F
D	L	G	K	D	C	G	F	H	A	M	J	M	V	G
M	B	E	Õ	S	Y	U	J	A	N	L	W	A	N	D
V	E	I	R	S	Ü	D	A	N	Ü	I	S	E	L	N
N	S	P	V	N	P	W	O	T	Ü	S	Y	P	Y	G
K	B	F	M	Z	W	D	J	A	K	S	I	C	O	S

SUU
PAHKLUU
AJU
KAEL
SÜDA
SÕRM
NÄGU
JALG
PÕLV
KÜÜNARNUKK
KÄSI
LÕUG
NINA
SILM
KÕRV
NAHK
VERI
ÕLG
KÕHT
PEA

91 - Mammiferi

W	H	K	G	I	L	Y	H	I	R	V	S	R	L	U
V	T	U	Ü	K	A	S	S	V	C	H	K	Z	K	E
L	A	A	K	Ü	L	Y	T	Õ	C	A	R	B	E	S
P	I	A	Y	Y	L	Z	K	L	K	D	K	I	Y	F
S	O	N	L	N	I	I	F	L	E	D	S	A	W	Y
K	Ä	N	G	U	R	U	K	P	B	K	P	U	L	L
N	Q	G	T	T	O	I	O	K	L	A	R	R	E	E
R	P	T	N	Z	G	A	N	W	A	E	E	A	L	W
O	P	Q	U	K	Q	M	U	Q	M	L	B	K	E	J
K	F	C	H	W	D	J	P	H	B	K	A	E	V	Q
M	O	T	R	U	G	I	Z	C	A	I	N	I	A	O
L	O	E	N	U	B	O	H	Z	D	R	E	W	N	E
Z	N	S	R	N	W	P	P	F	D	J	E	B	T	V
S	A	C	T	M	F	A	E	C	N	A	J	R	J	R
G	E	N	B	Z	W	Y	C	F	U	K	K	S	U	N

VAAL
KOER
KÄNGURU
HOBUNE
HIRV
KÜÜLIK
KOIOTT
DELFIIN
ELEVANT
KASS
KAELKIRJAK
GORILLA
LÕVI
HUNT
KARU
LAMBAD
AHV
PULL
REBANE
SEBRA

92 - Cucina

I	K	Q	N	M	U	V	S	D	F	S	M	O	V	V
E	K	A	O	S	T	S	Ö	I	A	Q	L	M	J	E
A	I	Ü	N	M	A	M	Ö	L	M	D	L	F	Z	E
T	M	L	L	N	S	E	G	V	P	U	D	F	U	K
P	L	U	K	M	S	H	I	H	A	H	Z	V	P	E
E	Ü	U	P	R	I	C	P	A	P	U	R	K	Õ	E
S	K	F	H	N	S	K	U	K	A	U	S	S	L	T
T	V	R	M	A	J	D	L	Z	N	B	V	Y	L	J
E	A	N	J	E	O	Y	G	M	S	Y	Q	I	L	A
R	G	Y	O	A	E	E	A	D	Ä	C	U	V	S	E
T	Ü	P	H	A	F	U	D	A	K	I	S	U	L	G
E	S	L	R	O	D	I	S	T	R	Ü	V	R	Y	R
S	A	L	V	R	Ä	T	I	K	I	W	D	S	E	I
J	T	S	O	J	A	P	R	B	Y	V	M	Z	J	L
R	R	J	J	V	N	Y	I	J	T	O	I	T	C	L

SÖÖGIPULGAD
VEEKEETJA
KANN
TOIT
KAUSS
NOAD
SÜGAVKÜLMIK
LUSIKAD
KAHVLID
AHI
KÜLMIK
PÕLL
GRILL
KULP
RETSEPT
VÜRTSID
KÄSNA
TASS
SALVRÄTIK
PURK

93 - Giardinaggio

N	L	K	H	T	K	J	L	E	A	D	P	I	C	V
I	O	O	E	N	I	L	I	T	O	O	S	K	E	I
I	K	N	S	D	T	V	I	J	H	O	W	J	I	L
S	O	T	B	I	S	S	K	V	P	U	E	I	Õ	J
K	M	E	Z	G	E	B	K	S	O	W	N	H	P	A
U	P	I	Y	G	H	P	D	H	M	O	I	E	Q	P
S	O	N	J	Z	E	K	P	A	U	G	L	N	W	U
Q	S	E	B	D	L	L	Y	P	R	W	I	I	R	U
P	T	R	S	Ö	Ö	D	A	V	A	N	N	L	K	A
M	L	M	C	V	S	V	Q	V	B	H	A	A	T	E
I	U	G	E	D	E	N	M	E	E	S	A	J	V	D
K	P	S	H	F	C	S	E	H	T	I	T	A	T	L
B	U	B	T	H	E	L	I	J	J	Õ	O	O	J	U
F	T	R	U	U	K	L	I	I	M	A	B	O	E	M
E	S	G	D	F	S	D	V	D	M	A	R	H	C	W

VESI
BOTAANILINE
KLIIMA
SÖÖDAV
KOMPOST
KONTEINER
EKSOOTILINE
ÕIS
ÕIE
LEHT
LEHESTIK
VILJAPUUAED
KIMP
SEEMNED
LIIK
MUSTUS
HOOAJALINE
MULD
VOOLIK
NIISKUS

94 - Universo

J	E	P	W	Q	T	D	J	A	V	T	P	L	V	F
W	O	D	I	O	R	E	T	S	A	A	Ö	A	A	K
P	P	A	L	K	U	M	Z	D	T	E	Ö	I	S	D
K	H	I	S	V	K	B	P	J	H	V	R	U	T	L
F	U	Y	E	N	J	U	U	K	Ä	A	I	S	R	A
P	Ä	I	K	E	S	E	S	T	N	L	P	K	O	S
H	O	R	I	S	O	N	T	K	W	I	Ä	R	N	T
T	E	L	E	S	K	O	O	P	R	K	E	A	O	R
Z	C	R	T	U	A	M	O	O	C	A	V	A	O	O
O	G	F	Q	D	T	Q	W	M	R	W	A	D	M	N
D	V	A	R	E	K	L	O	O	P	B	T	D	O	O
I	L	H	Z	M	R	W	Q	A	A	U	I	J	I	O
A	R	A	K	I	T	K	A	L	A	G	G	I	C	M
C	L	L	A	P	T	A	E	V	A	S	I	P	T	I
E	Y	C	A	V	N	R	Ä	Ä	F	S	O	M	T	A

ASTEROID
ASTRONOOMIA
ASTRONOOM
ATMOSFÄÄR
PIMEDUS
TAEVALIK
TAEVAS
POOLKERA
GALAKTIKA
LAIUSKRAAD
PIKKUSKRAAD
KUU
ORBIIT
HORISONT
PÄIKESE
PÖÖRIPÄEV
TELESKOOP
NÄHTAV
ZODIAC

95 - Jazz

R	U	K	I	A	E	I	U	T	V	K	A	A	T	W
I	A	C	O	S	B	R	A	N	R	C	V	I	M	W
W	P	W	M	E	A	E	S	E	B	U	P	G	A	T
T	L	F	K	T	C	T	D	L	U	R	M	T	Ü	R
J	A	N	G	J	Z	S	P	A	U	I	I	M	G	Z
D	U	K	I	M	M	E	L	T	S	Q	R	S	I	I
K	S	A	Z	Y	A	K	I	S	U	U	M	T	L	D
I	O	J	N	J	K	R	V	Q	G	H	E	I	A	Z
N	V	O	Y	W	H	O	N	K	C	E	W	I	U	B
T	A	O	S	J	Õ	L	N	H	F	Y	Z	L	L	L
S	N	L	G	T	R	Z	F	T	K	U	U	L	U	S
N	A	I	V	V	I	C	D	J	S	A	L	B	U	M
U	U	L	U	E	K	S	B	C	C	E	Ž	A	N	R
K	R	E	T	E	H	N	I	K	A	Z	R	D	D	U
B	N	H	S	R	K	U	G	M	U	B	G	T	Q	J

ALBUM
APLAUS
KUNSTNIK
TRUMMID
LAUL
HELILOOJA
KOOSTIS
KONTSERT
RÕHK
KUULUS

ŽANR
MUUSIKA
UUS
ORKESTER
LEMMIKUD
RÜTM
STIIL
TALENT
TEHNIKA
VANA

96 - Vacanze #2

K	L	E	T	P	J	T	U	P	O	W	V	F	L	L
T	A	S	I	I	V	R	O	O	V	D	J	U	F	E
E	B	A	P	G	K	A	J	I	D	E	I	D	E	N
L	A	K	R	I	G	N	A	R	O	T	S	E	R	N
K	V	F	D	T	R	S	W	J	T	T	I	N	N	U
I	P	Q	Z	L	H	P	K	J	O	J	E	A	V	J
M	A	G	S	I	K	O	N	W	F	D	R	L	B	A
I	S	A	S	S	F	R	K	G	W	M	R	A	E	A
N	S	G	L	R	Z	T	M	T	V	E	O	A	W	M
E	U	V	G	G	H	U	J	M	H	R	A	M	S	S
A	K	R	A	N	D	O	B	A	S	I	C	S	A	S
F	H	C	N	O	A	E	T	G	S	H	S	I	A	W
Y	U	A	P	R	O	V	E	E	U	Z	F	L	R	Q
N	P	R	U	I	F	Q	K	T	L	T	B	Ä	E	J
H	J	Z	M	M	T	A	K	S	O	L	T	V	K	I

LENNUJAAM
TELKIMINE
SIHTKOHT
FOTOD
HOTELL
SAAR
KAART
MERI
PASS
RESTORAN
RAND
VÄLISMAALANE
TAKSO
VABA
TELK
TRANSPORT
RONG
PUHKUS
REISI
VIISA

97 - Attività

K	S	U	T	S	A	G	Õ	Õ	L	Z	M	F	K	L
E	D	L	E	N	I	M	I	S	T	N	A	T	Ä	U
R	P	N	L	H	A	R	Õ	Õ	M	T	T	H	S	G
A	K	D	I	O	N	O	D	K	P	U	K	A	I	E
A	S	U	S	B	D	S	S	C	O	F	A	J	T	M
M	K	G	N	O	U	L	W	K	N	N	M	G	Ö	I
I	I	N	I	S	S	C	B	G	U	Q	I	Y	Ö	N
K	H	Ä	Q	O	T	O	M	S	Z	S	N	J	L	E
A	J	M	N	Z	S	P	H	S	U	V	E	G	E	T
T	E	L	K	I	M	I	N	E	M	Q	E	H	V	M
Õ	M	B	L	E	M	I	N	E	G	A	N	Z	A	T
K	A	L	A	P	Ü	Ü	K	J	T	C	A	D	B	H
M	Õ	I	S	T	A	T	U	S	I	Q	W	G	A	C
F	O	T	O	G	R	A	A	F	I	A	S	D	I	L
P	L	Y	N	A	P	Y	B	A	J	A	J	U	P	A

OSKUS
KUNST
KÄSITÖÖ
TEGEVUS
JAHT
TELKIMINE
KERAAMIKA
ÕMBLEMINE
TANTSIMINE
MATKAMINE
FOTOGRAAFIA
AIANDUS
MÄNGUD
LUGEMINE
MAAGIA
KALAPÜÜK
RÕÕM
MÕISTATUSI
LÕÕGASTUS
VABA

98 - Diplomazia

F	E	F	Y	T	U	R	V	A	L	I	S	U	S	R
V	A	L	I	T	S	U	S	L	E	P	I	N	G	E
S	D	S	P	K	P	O	L	I	I	T	I	K	A	S
U	S	U	G	I	Õ	G	N	K	D	K	E	K	G	O
K	Q	D	N	L	K	O	D	A	N	I	K	U	D	L
K	S	N	Õ	F	A	L	O	K	O	D	W	U	K	U
I	I	E	U	N	R	Y	F	I	K	A	W	S	A	T
L	V	H	N	O	U	S	A	T	T	A	Z	G	M	S
K	T	A	I	K	T	Y	Ö	E	A	S	P	K	P	I
I	E	L	K	V	E	R	Ö	E	A	R	H	P	A	O
V	I	E	C	M	L	M	T	U	S	U	R	Q	A	O
R	K	B	L	S	U	I	S	D	O	U	F	Q	N	N
E	V	K	Q	E	F	C	O	C	J	S	B	G	I	F
T	Q	N	M	A	D	N	O	K	U	G	O	K	A	Q
Y	A	P	B	R	T	Z	K	Q	F	L	Y	Y	D	N

SAATKOND
SUURSAADIK
KAMPAANIAD
KODANIKUD
KOGUKOND
KONFLIKT
NÕUNIK
KOOSTÖÖ
ARUTELU
EETIKA
ÕIGUS
VALITSUS
TERVIKLIKKUS
KEELED
POLIITIKA
RESOLUTSIOON
TURVALISUS
LAHENDUS
LEPING

99 - Forniture Artistiche

P	G	D	I	L	L	E	R	A	V	K	A	A	P	S
L	J	T	D	L	J	E	U	I	N	A	L	K	A	D
I	J	B	E	V	O	S	H	S	R	N	I	R	S	Z
I	L	C	E	Q	F	O	Y	L	U	Y	W	Ü	T	H
A	K	V	D	U	A	L	V	G	I	L	Õ	Ü	E	S
T	W	M	A	Z	W	J	O	U	I	I	A	L	L	B
S	R	O	J	P	W	O	J	T	S	S	M	N	L	T
I	R	L	R	T	I	N	T	W	E	D	A	V	I	O
D	B	B	A	L	L	Q	O	T	V	W	G	V	D	O
T	M	E	H	A	C	Q	V	Ä	R	V	I	D	I	L
N	A	R	A	S	S	N	O	K	A	A	M	E	R	A
D	H	T	Y	Ü	P	A	B	E	R	H	M	B	Y	S
G	Y	O	A	S	T	E	V	N	C	Y	W	E	C	F
B	A	K	Y	I	B	Y	I	G	A	U	T	G	T	A
K	U	S	T	U	T	U	S	K	U	M	M	O	D	C

VESI
AKVARELLID
AKRÜÜL
SAVI
SÜSI
PABER
MOLBERT
LIIM
VÄRVID
LOOVUS
KUSTUTUSKUMM
IDEED
TINT
PLIIATSID
ÕLI
PASTELLID
TOOL
HARJAD
LAUD
KAAMERA

100 - Misurazioni

S	R	K	F	C	S	U	V	A	G	Ü	S	K	K	T
U	E	J	Õ	T	O	L	L	P	S	R	V	E	A	O
K	T	N	G	R	E	M	I	N	U	T	A	C	A	N
K	I	U	T	L	G	H	A	N	I	I	T	M	L	N
I	I	A	N	I	E	U	C	D	A	A	R	K	M	C
P	L	K	I	J	M	R	S	H	L	B	E	K	M	U
V	L	I	P	K	K	E	Q	S	A	T	T	D	A	Z
B	H	L	W	R	O	L	E	S	K	S	E	T	R	Z
J	F	O	T	U	M	H	E	T	R	C	E	K	G	H
V	D	M	K	U	A	Q	R	N	E	N	M	W	O	F
V	C	E	M	A	S	S	I	U	V	R	B	C	L	O
F	V	E	T	Z	P	H	D	J	E	D	V	Q	I	J
L	A	T	I	S	M	R	S	N	R	W	T	Z	K	N
R	W	R	Q	L	D	I	K	C	I	I	Z	A	G	R
Q	H	I	V	N	K	N	L	A	J	A	V	O	L	J

KÕRGUS
BAIT
SENTIMEETER
KILOGRAMM
KILOMEETRI
KOMA
KRAAD
GRAMM
LAIUS
LIITER
PIKKUS
MASS
MEETER
MINUT
UNTS
KAAL
PINT
TOLL
SÜGAVUS
TONN

1 - Scacchi

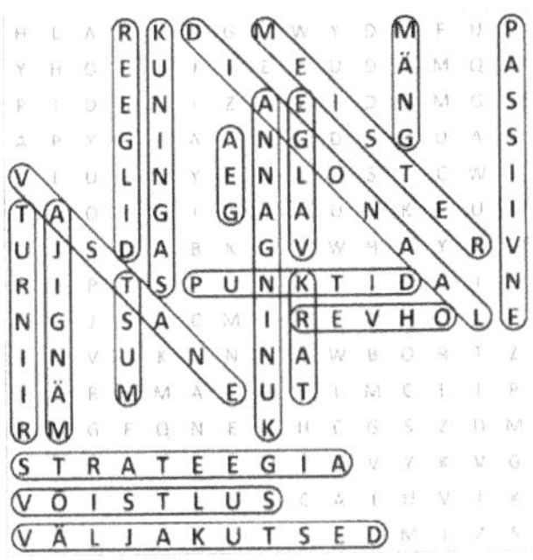

2 - Salute e Benessere #2

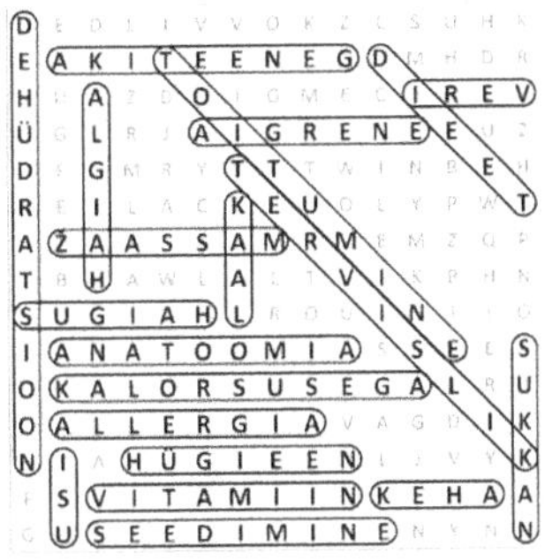

3 - Aggettivi #2

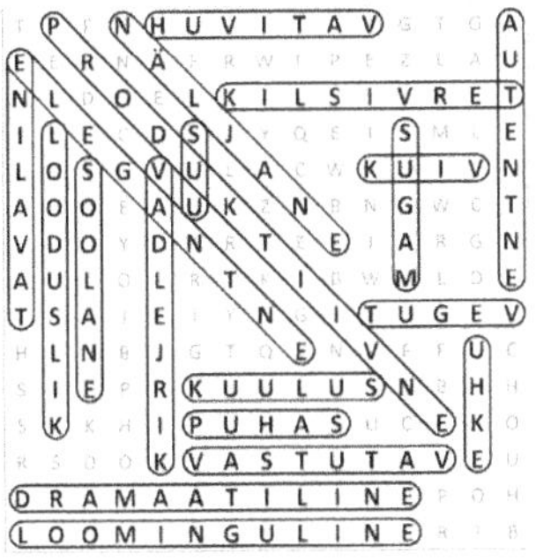

4 - Ingegneria

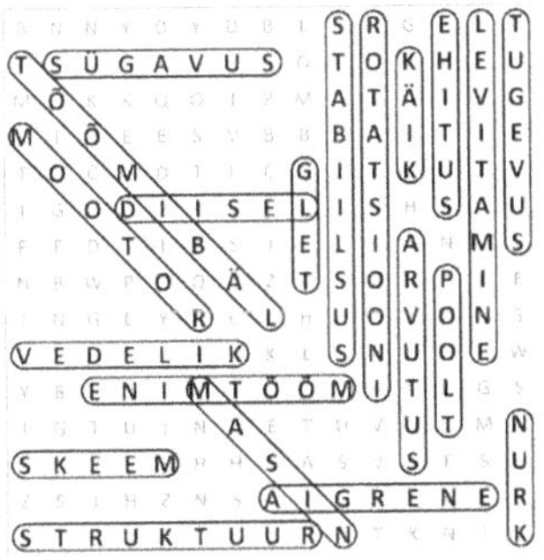

5 - Archeologia

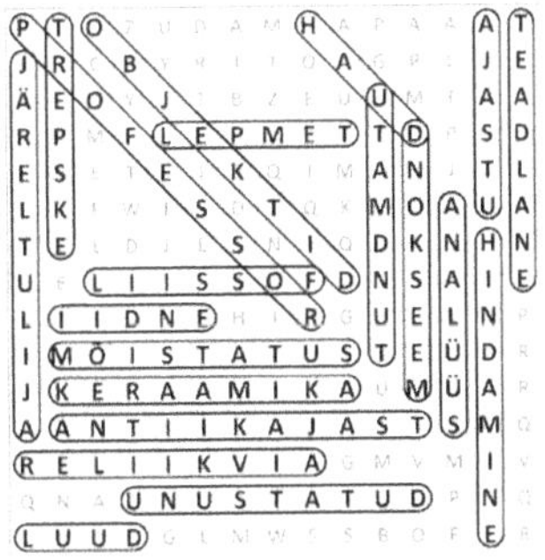

6 - Salute e Benessere #1

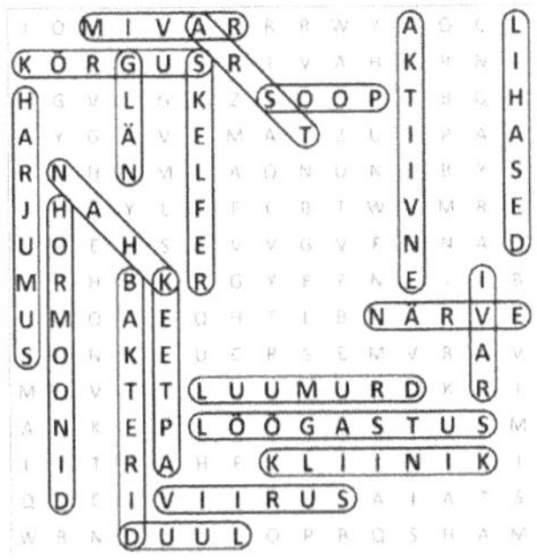

7 - Aggettivi #1

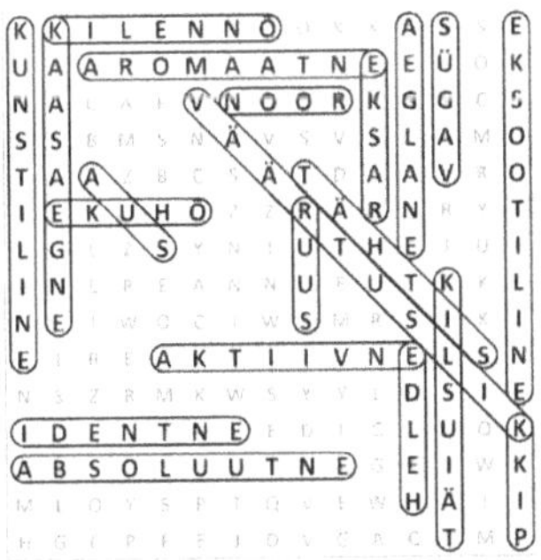

8 - Geologia

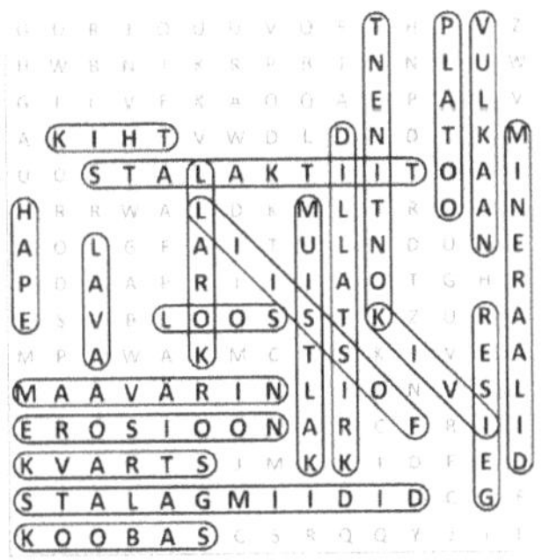

9 - Campeggio

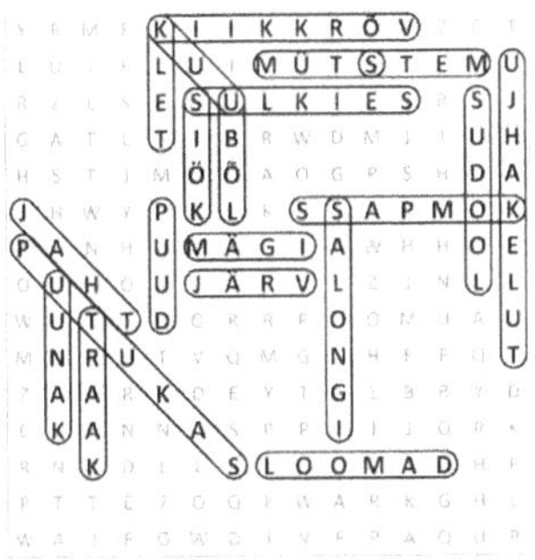

10 - Arti Visive

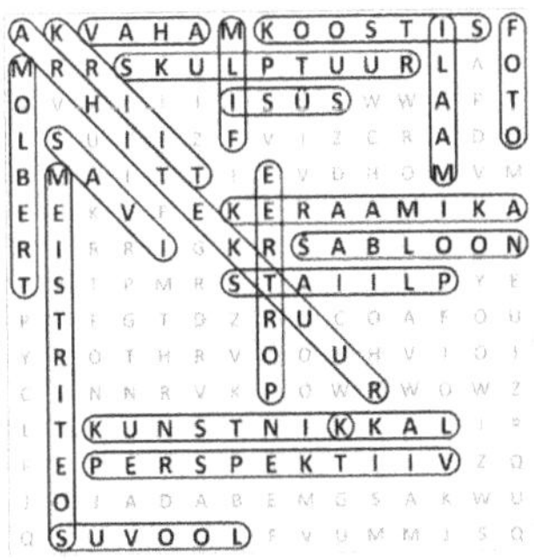

11 - Tempo

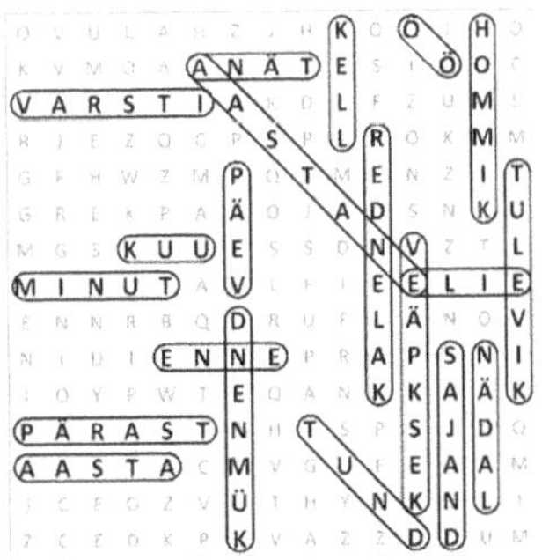

12 - Astronomia

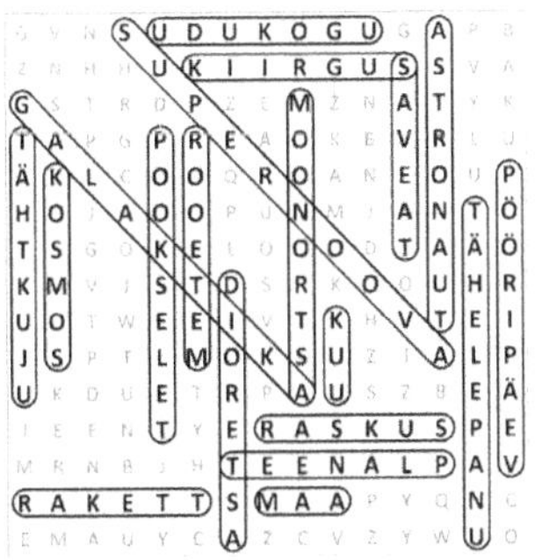

13 - Algebra

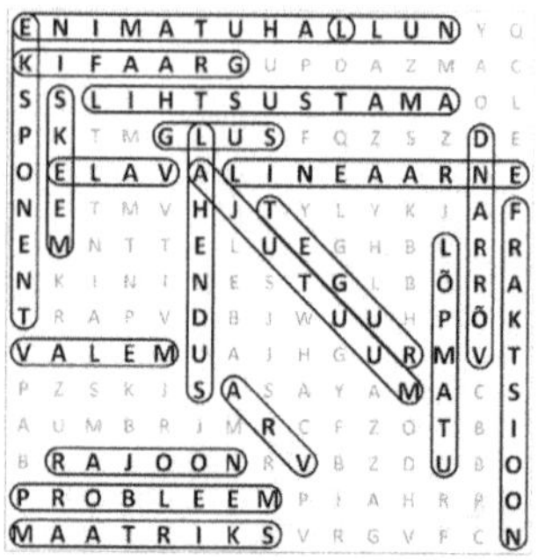

14 - Mitologia

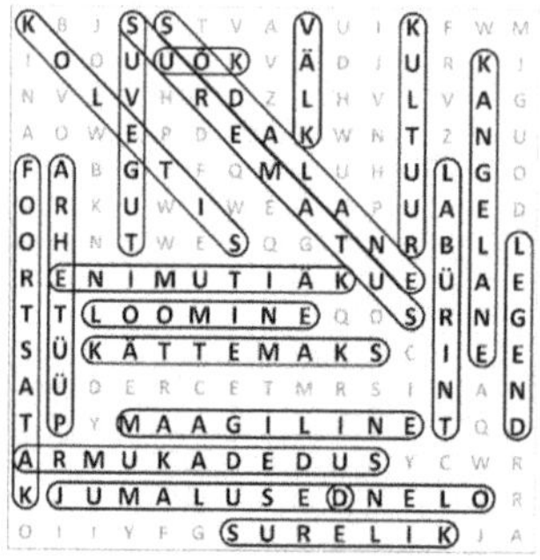

15 - Piante

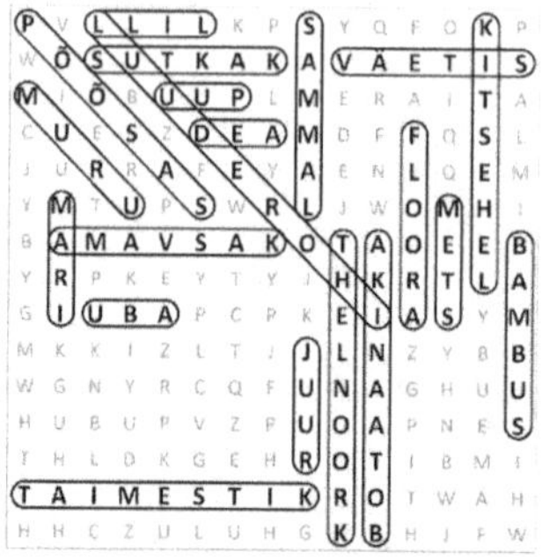

16 - Spezie

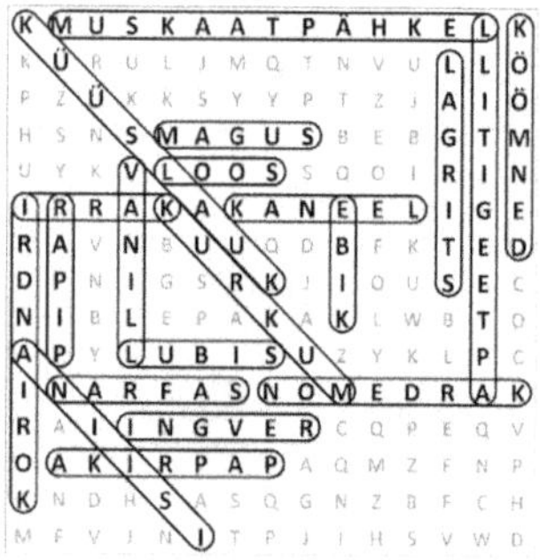

17 - Numeri

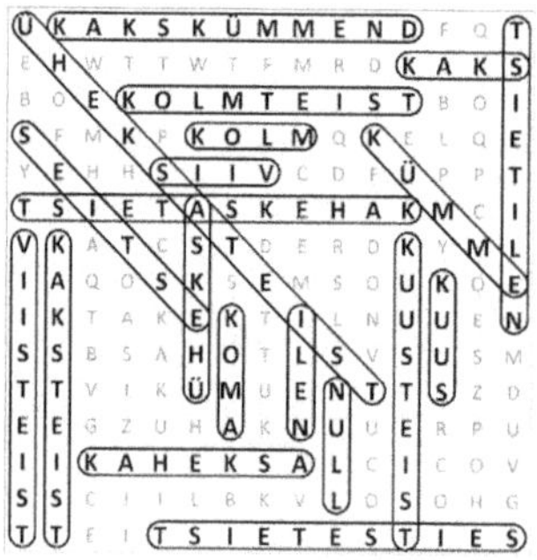

18 - Cioccolato

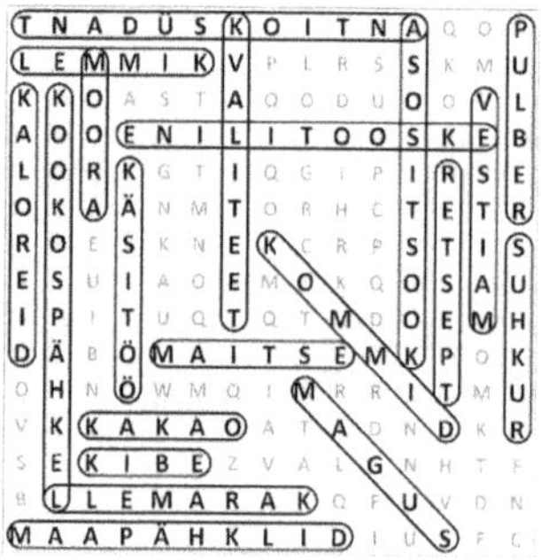

19 - Guida

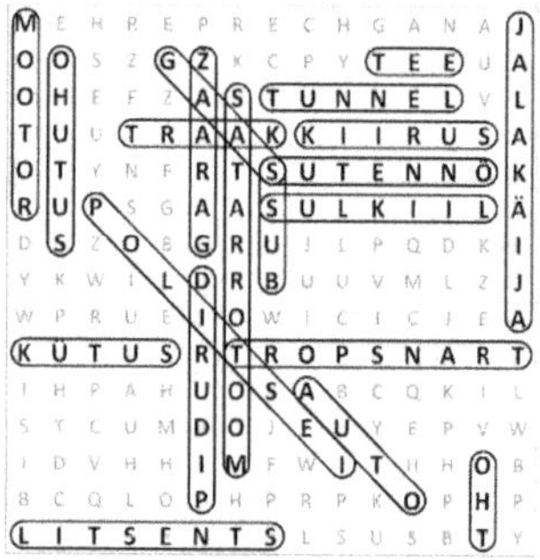

20 - I Media

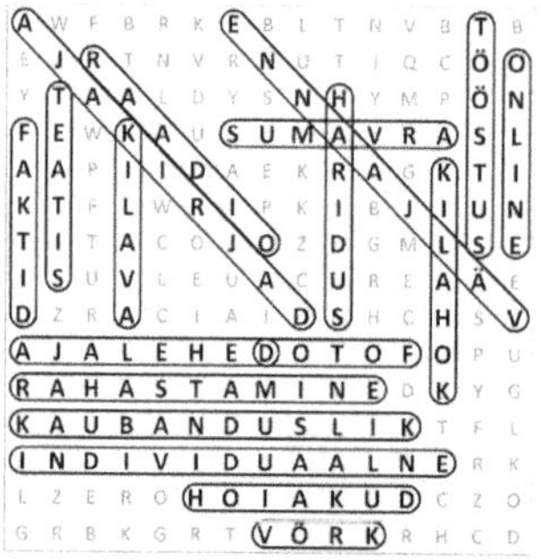

21 - Forza e Gravità

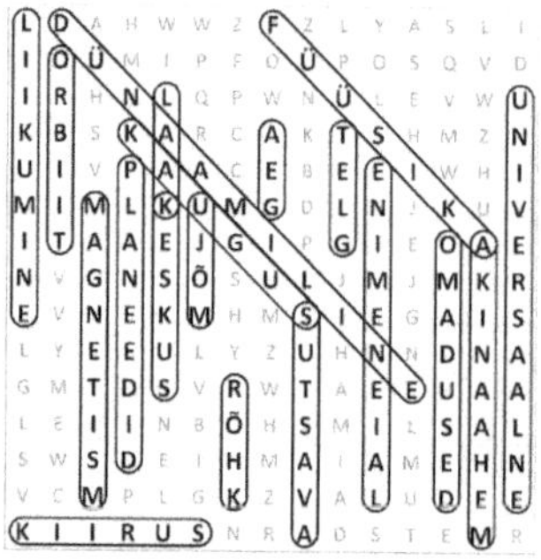

22 - Sport

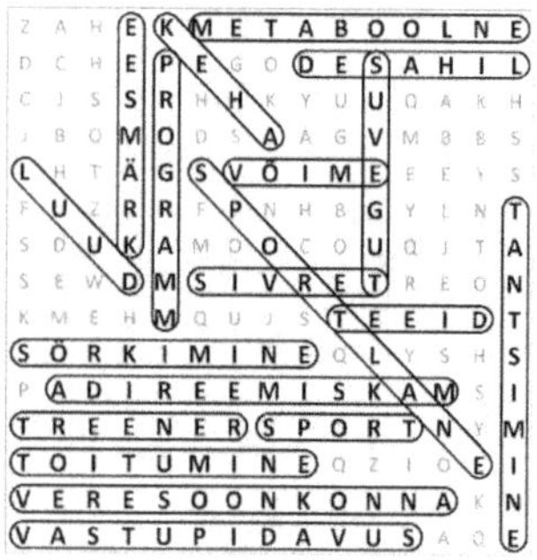

23 - Uccelli

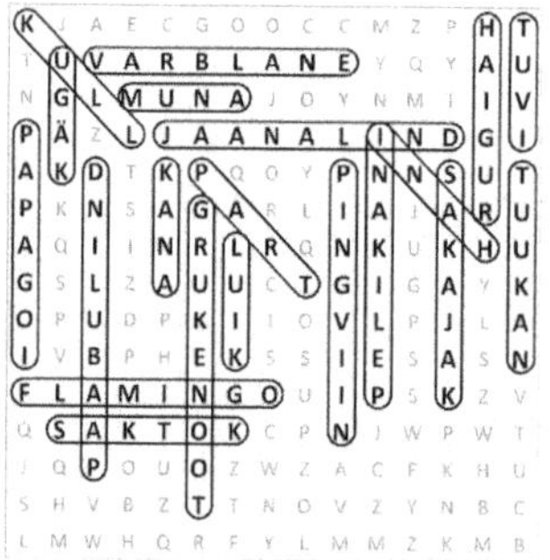

24 - Giorni e Mesi

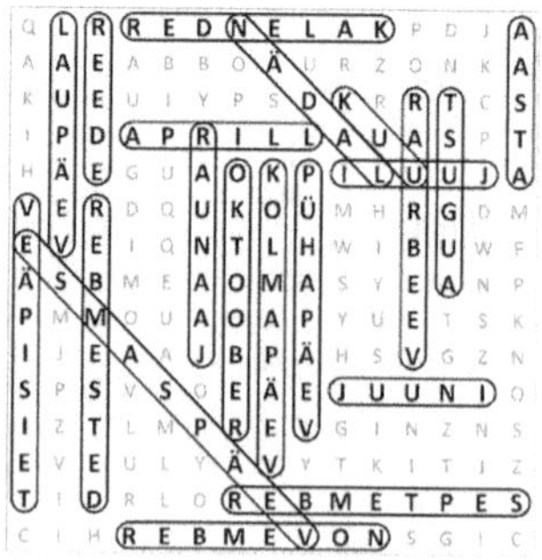

25 - Casa

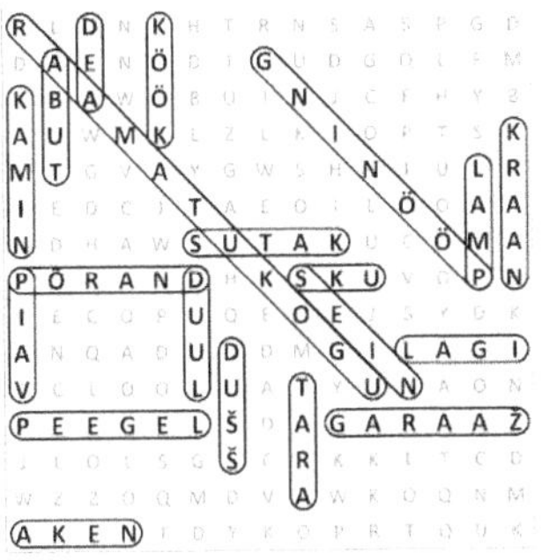

26 - Fantascienza

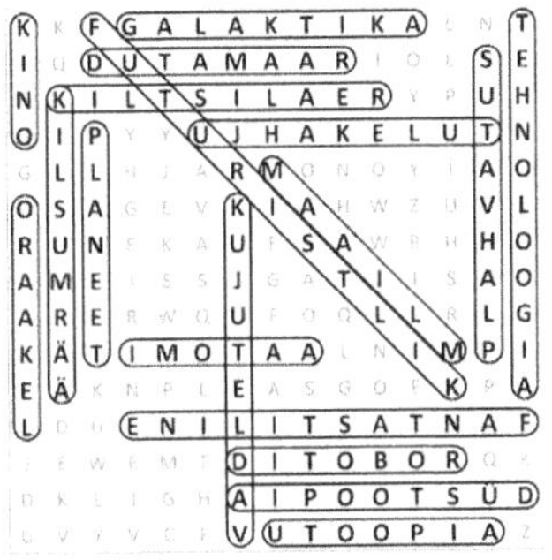

27 - Città

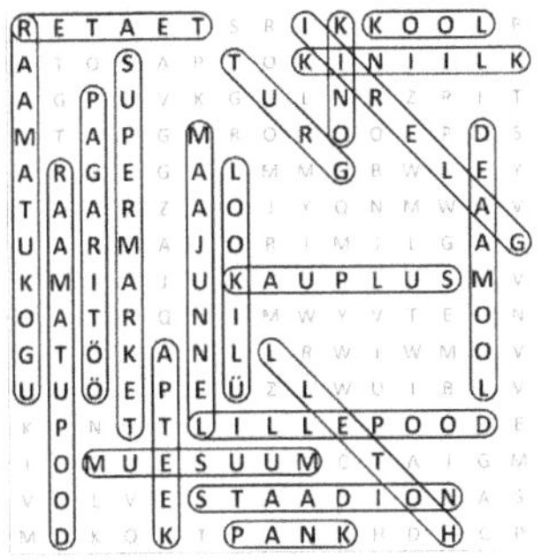

28 - Fattoria #1

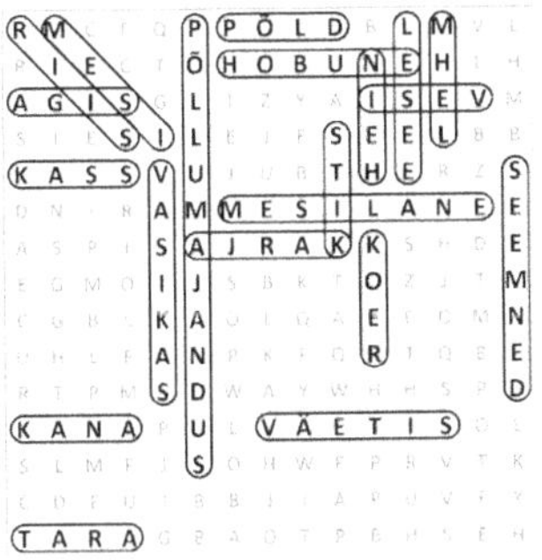

29 - Psicologia

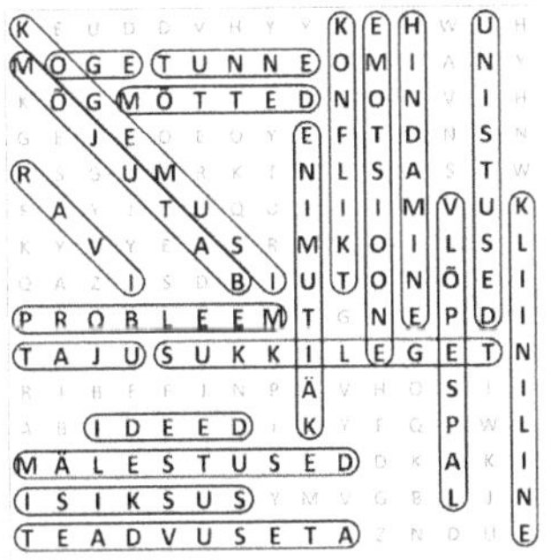

30 - Paesaggi

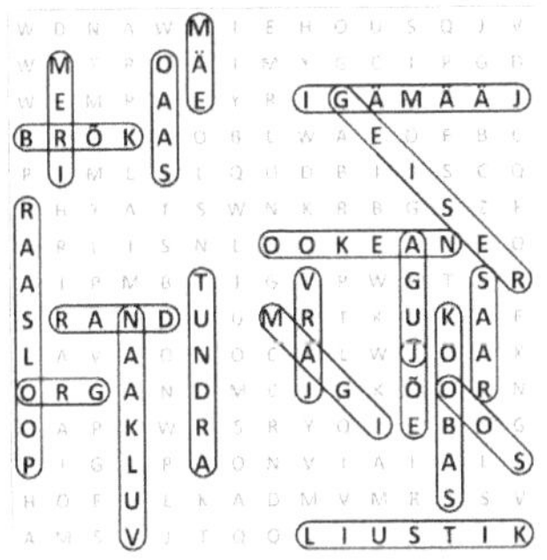

31 - Energia

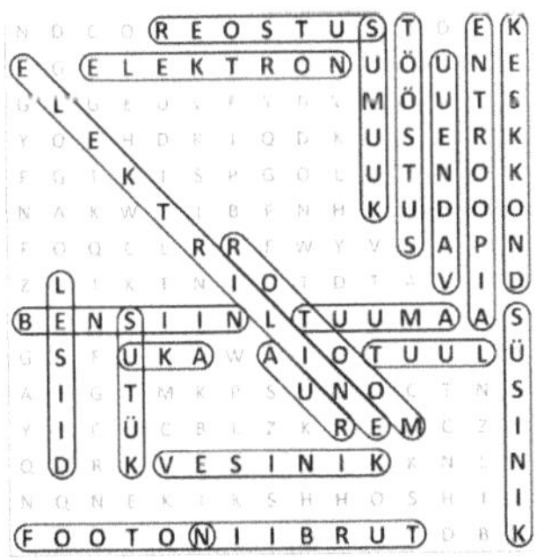

32 - Ristorante #2

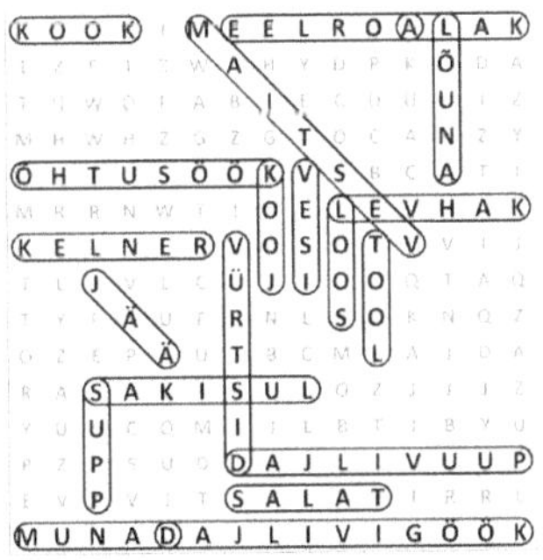

33 - Giardino

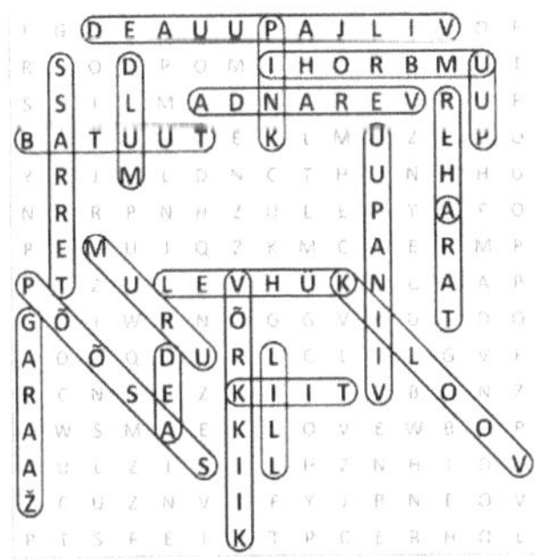

34 - Frutta

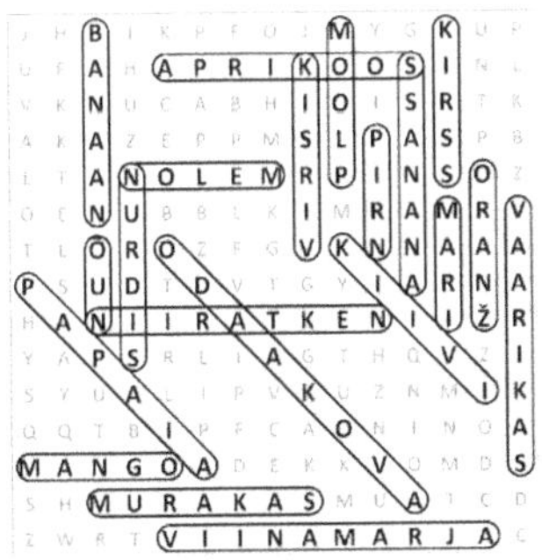

35 - Fattoria #2

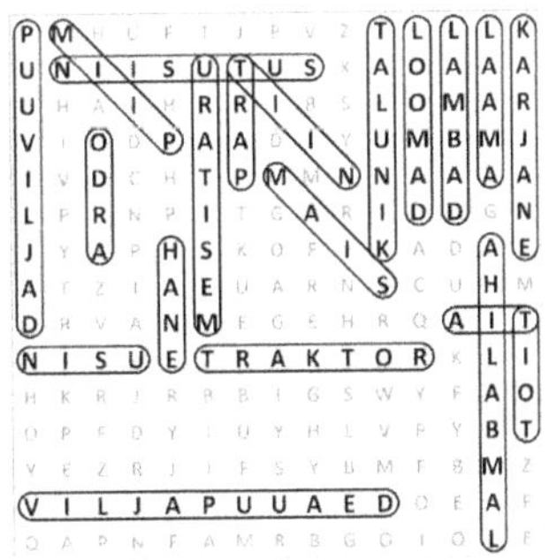

36 - Verdure

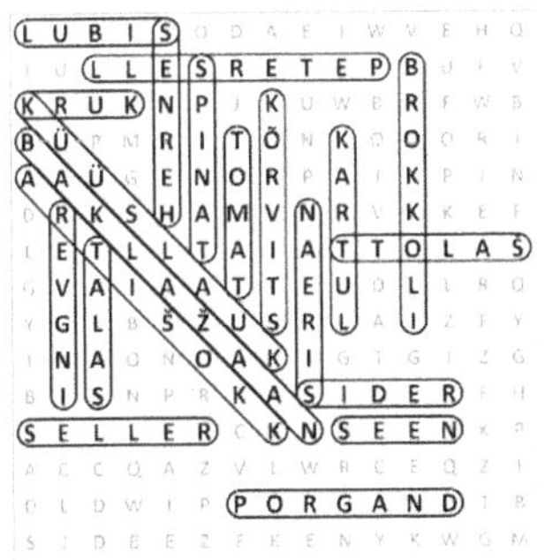

37 - Musica

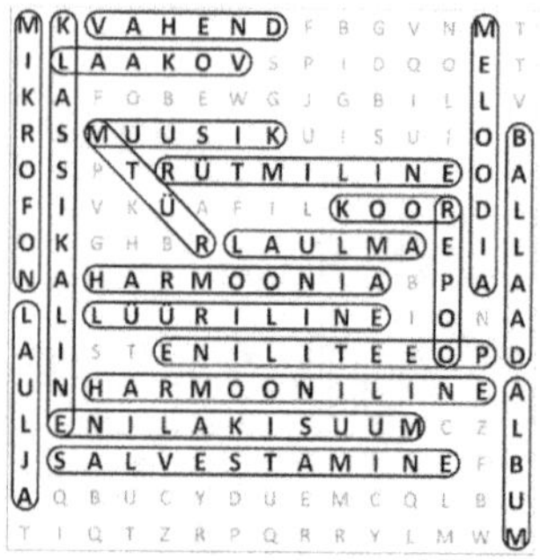

38 - Barbecue

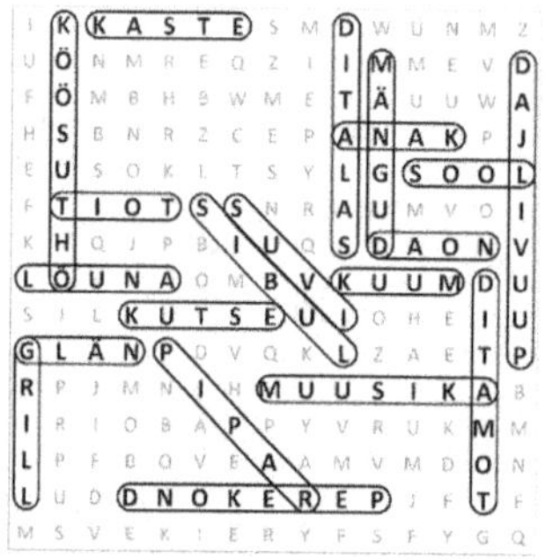

39 - Fisica

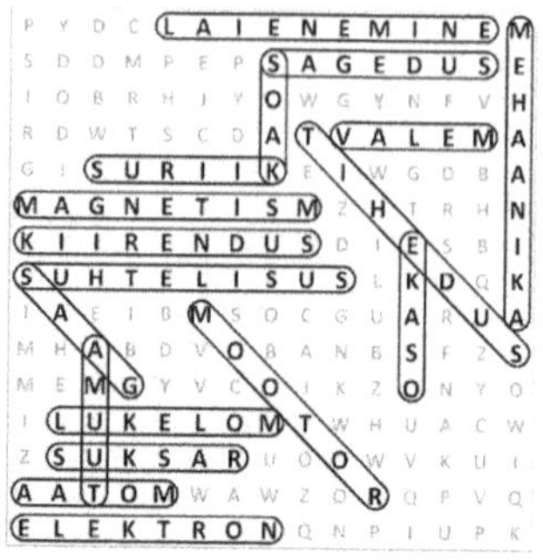

40 - Agronomia

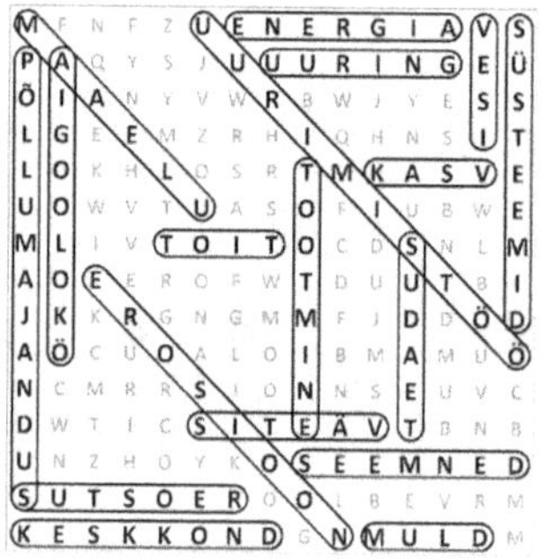

41 - Erboristeria

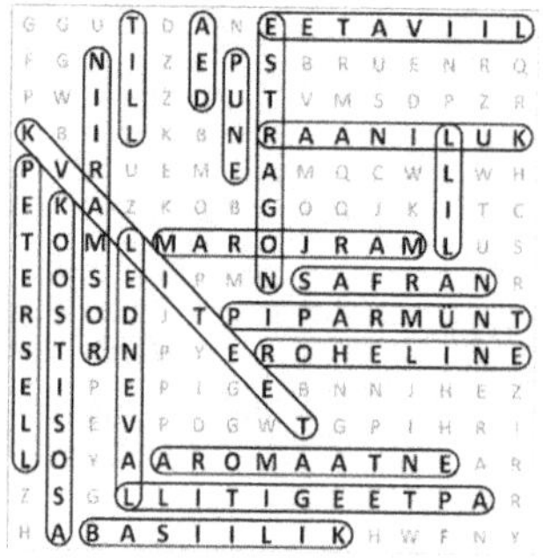

42 - Biologia

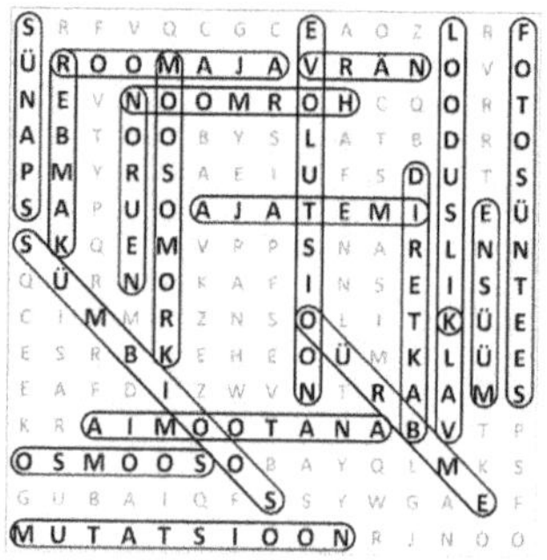

43 - Attività Commerciale

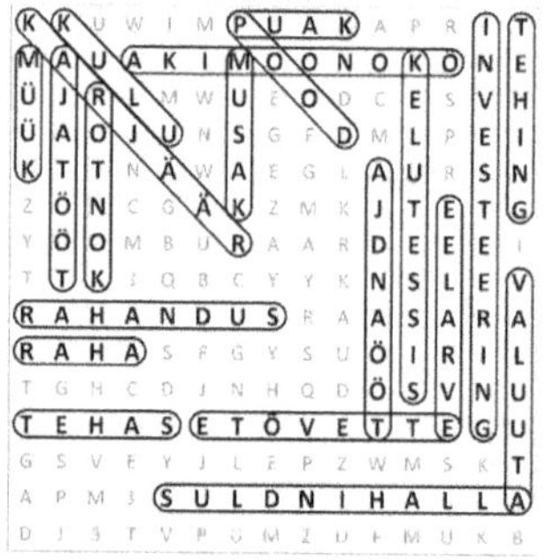

44 - Fiori

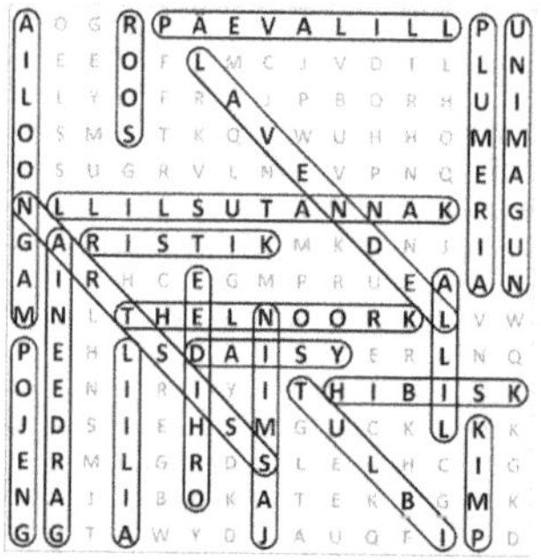

45 - Filantropia

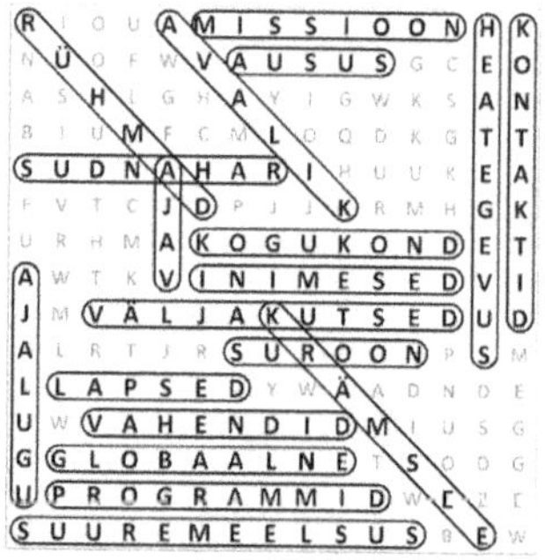

46 - Discipline Scientifiche

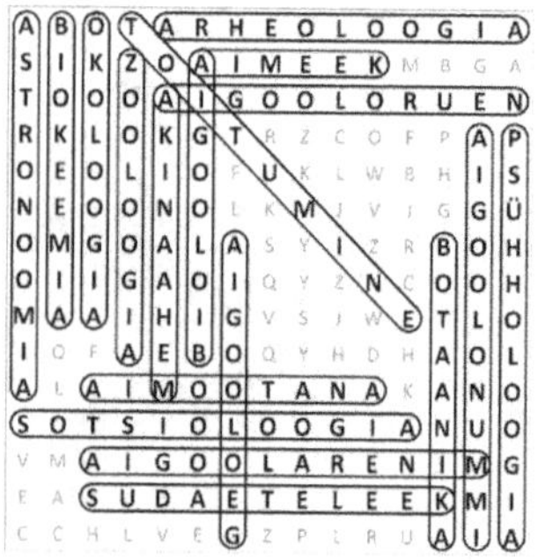

47 - Scienza

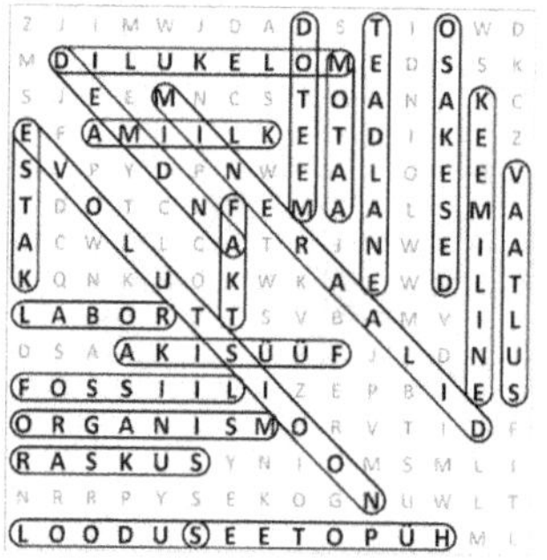

48 - Acqua

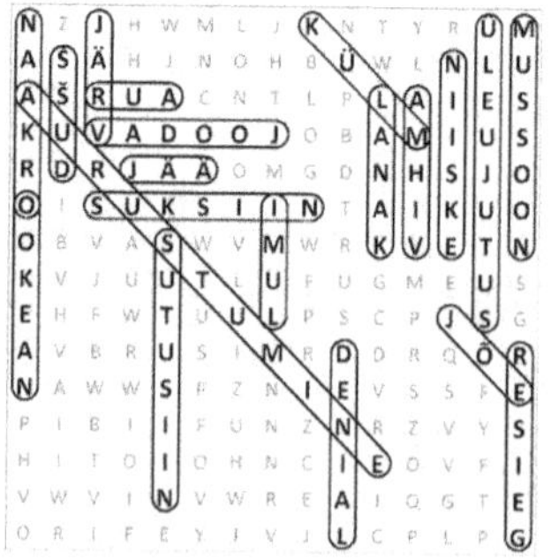

49 - Boxe

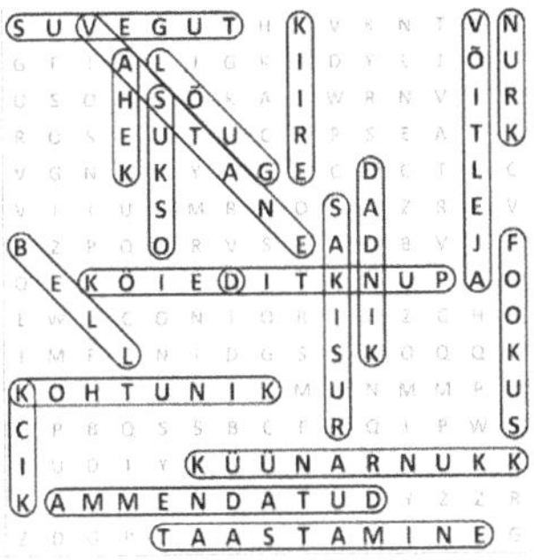

50 - Imbarcazioni

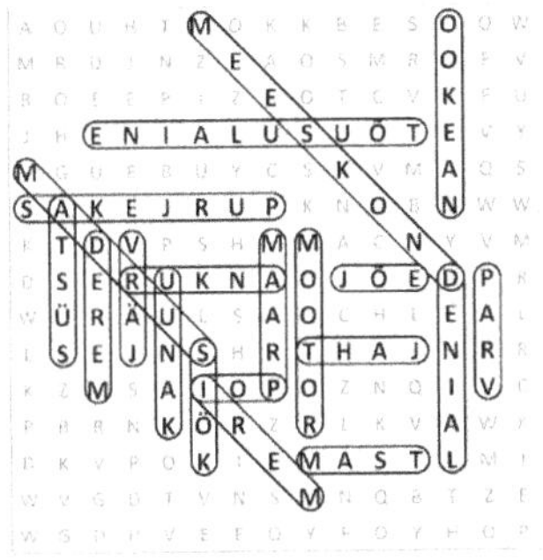

51 - Chimica

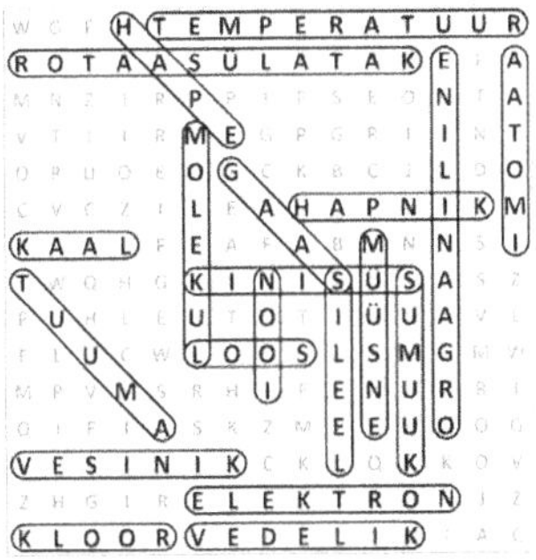

52 - Api

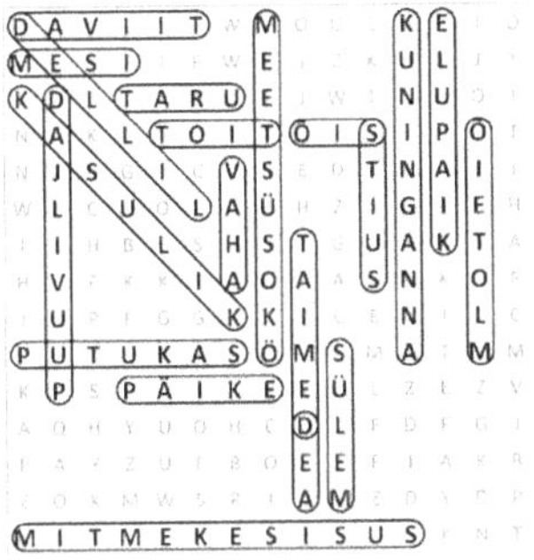

53 - Strumenti Musicali

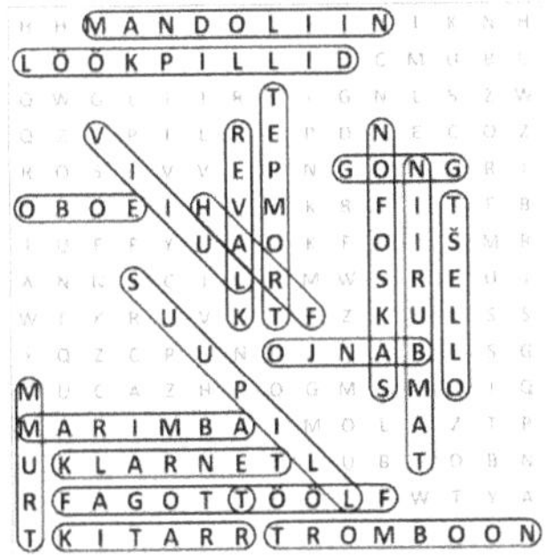

54 - Professioni #2

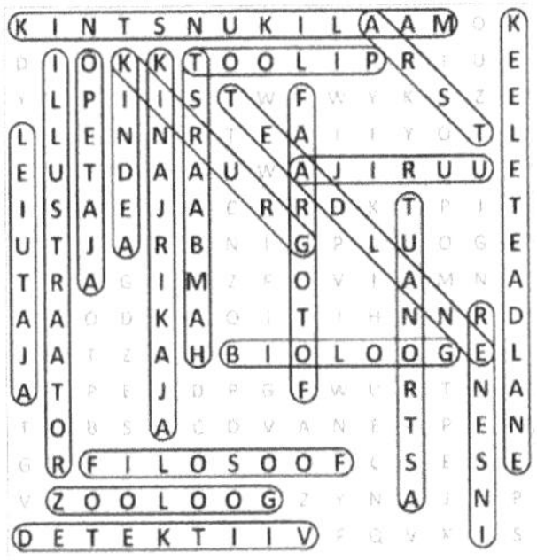

55 - Letteratura

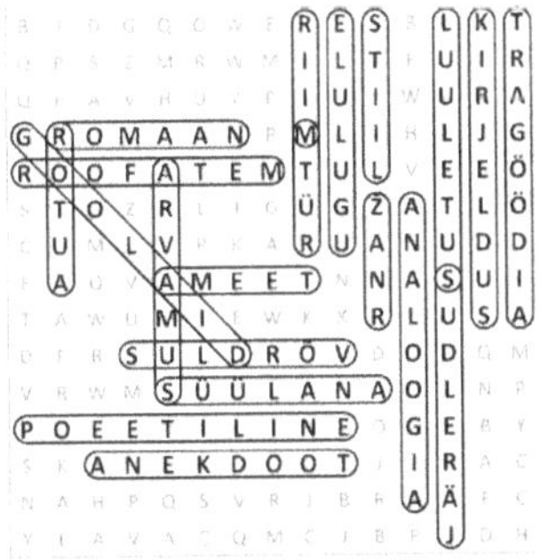

56 - Cibo #2

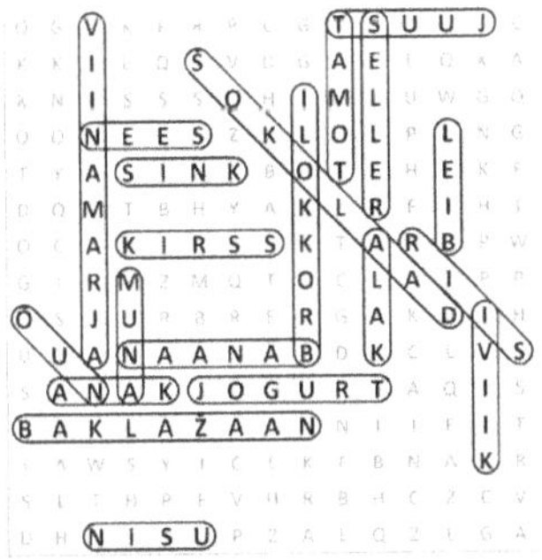

57 - Nutrizione

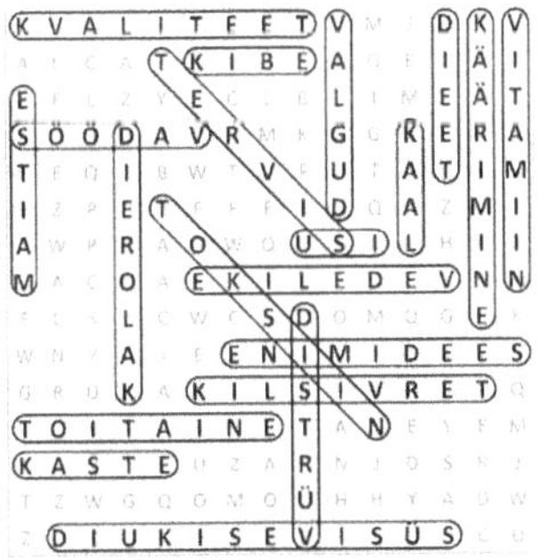

58 - Matematica

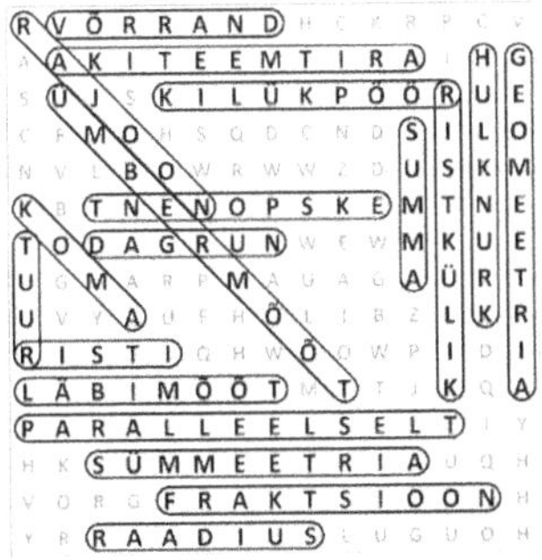

59 - Meditazione

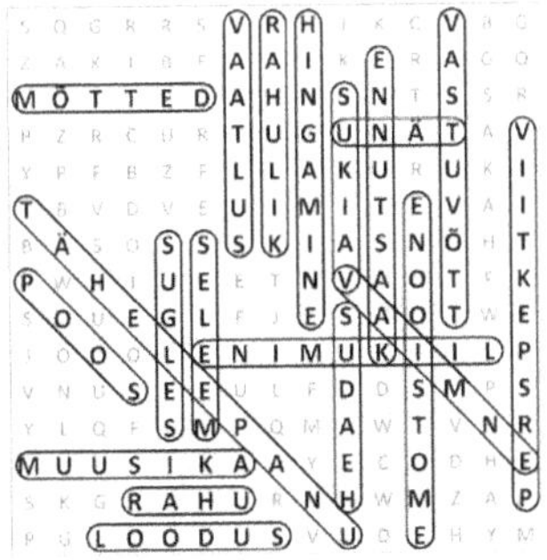

60 - Elettricità

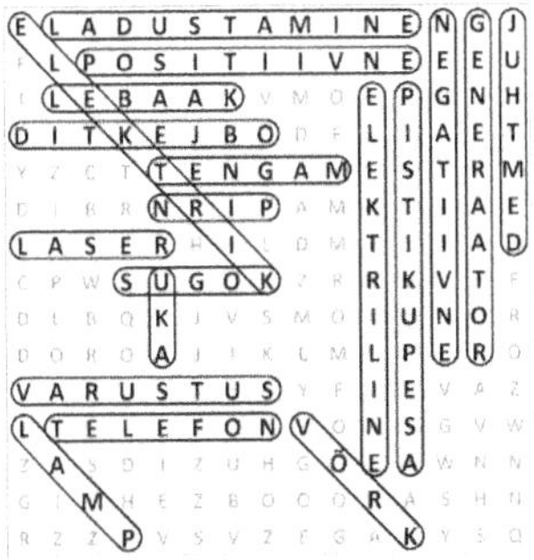

61 - Antiquariato

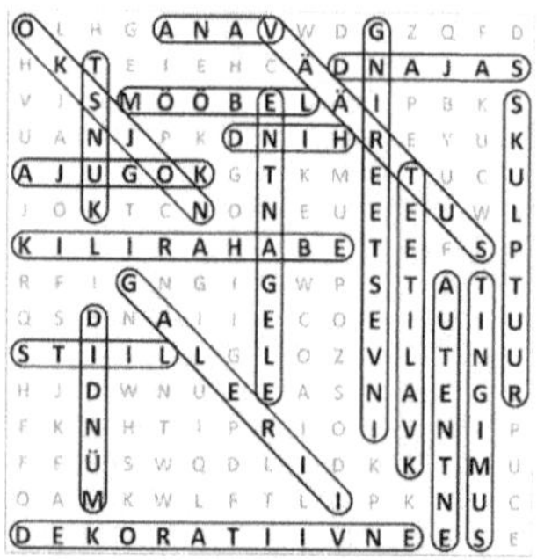

62 - Escursionismo

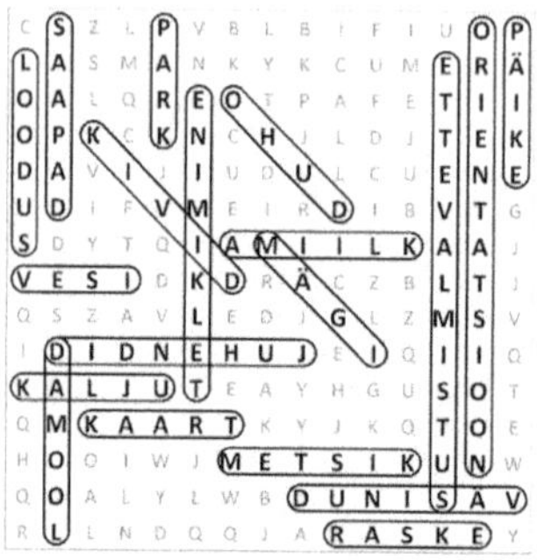

63 - Professioni #1

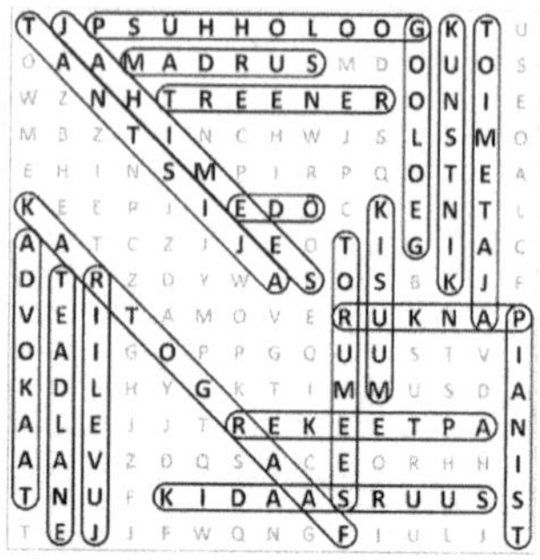

64 - Antartide

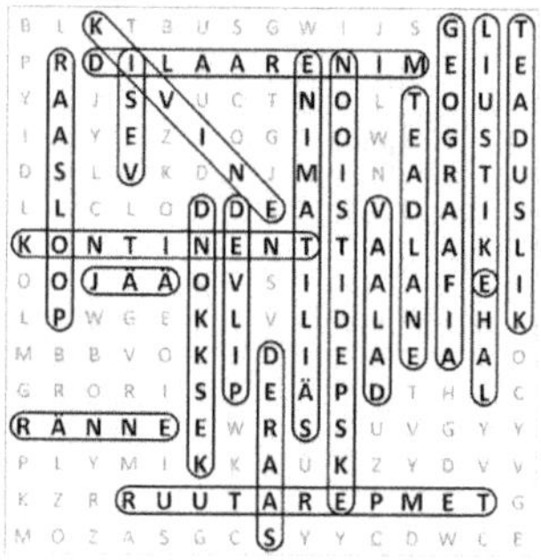

65 - Libri

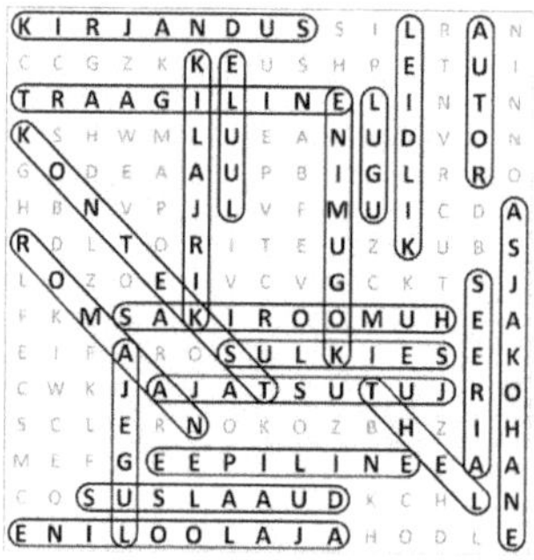

66 - Geografia

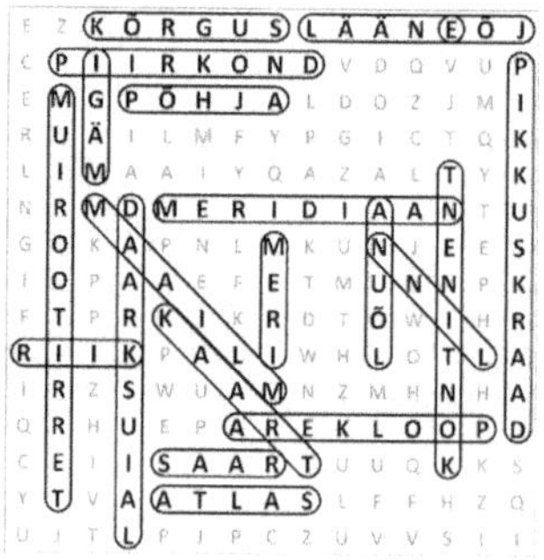

67 - Cibo #1

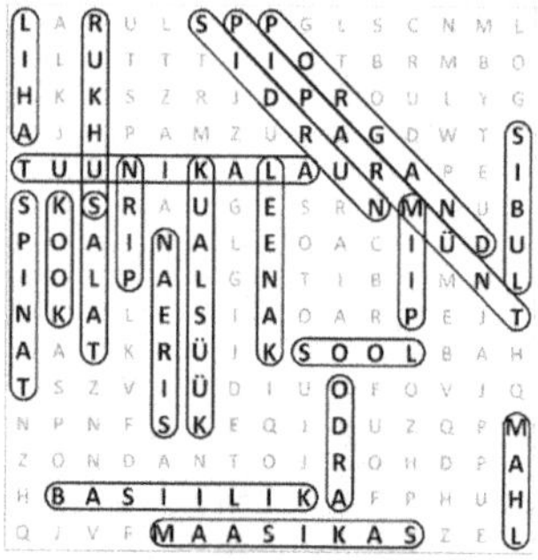

68 - Etica

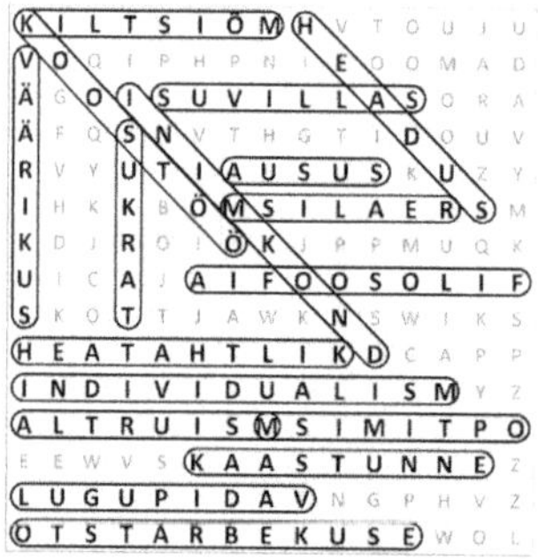

69 - Aeroplani

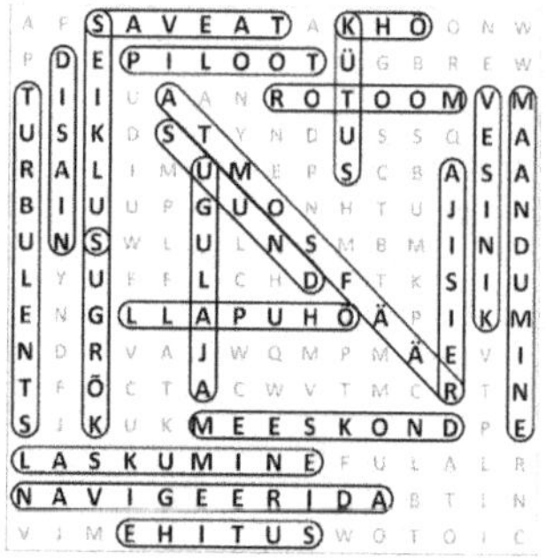

70 - Governo

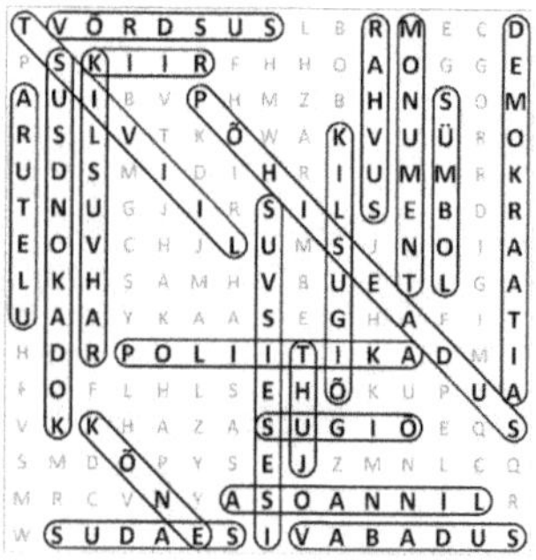

71 - Bellezza

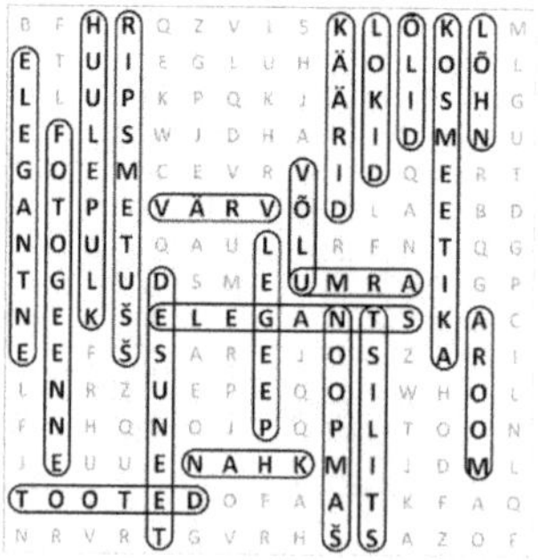

72 - Avventura

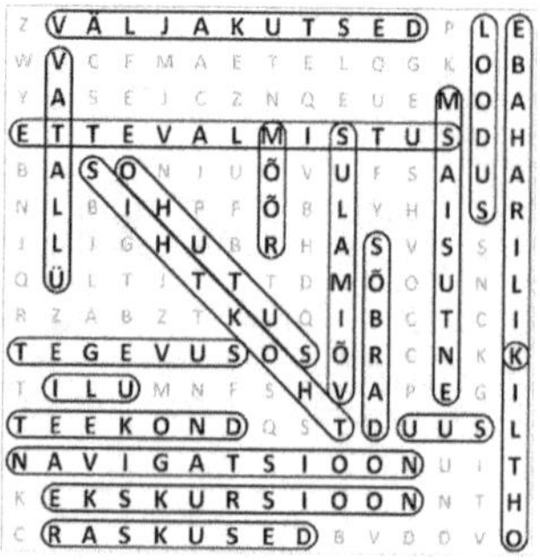

73 - Forme

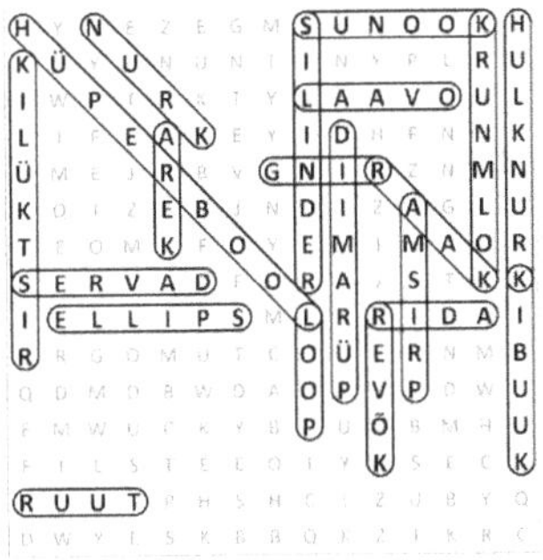

74 - Oceano

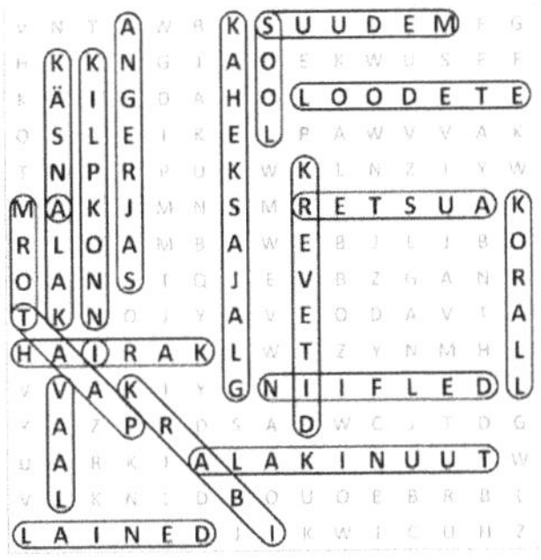

75 - Creatività

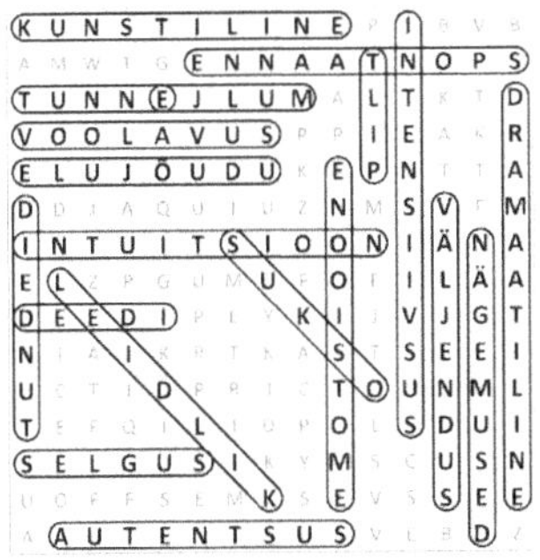

76 - Veicoli

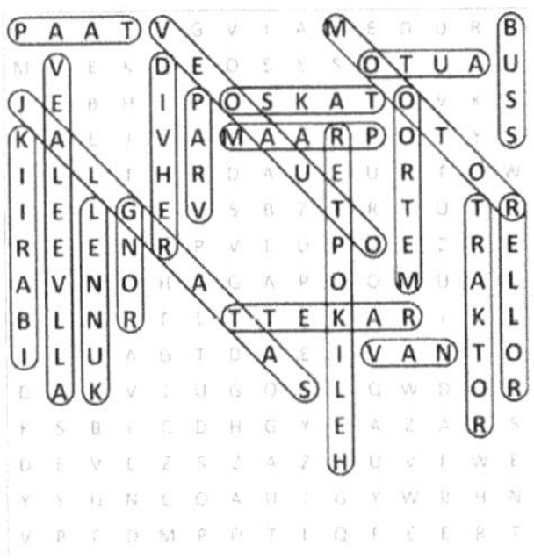

77 - Natura

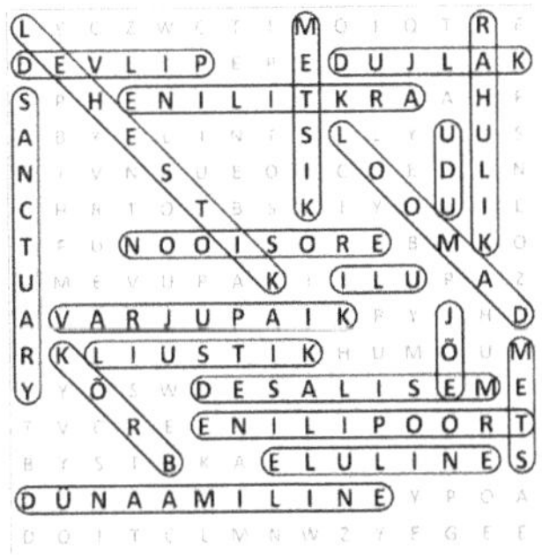

78 - Balletto

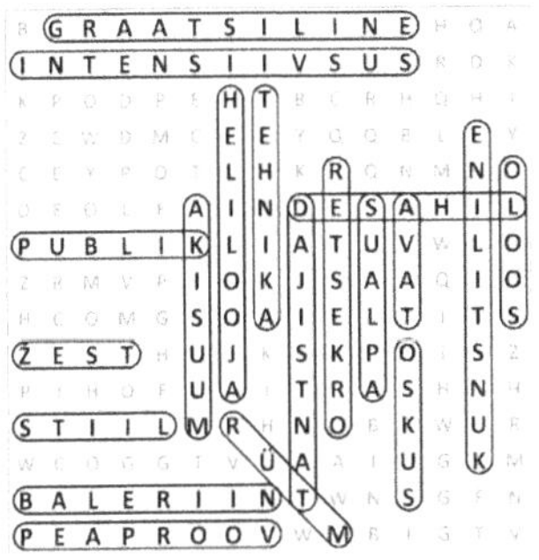

79 - Paesi #1

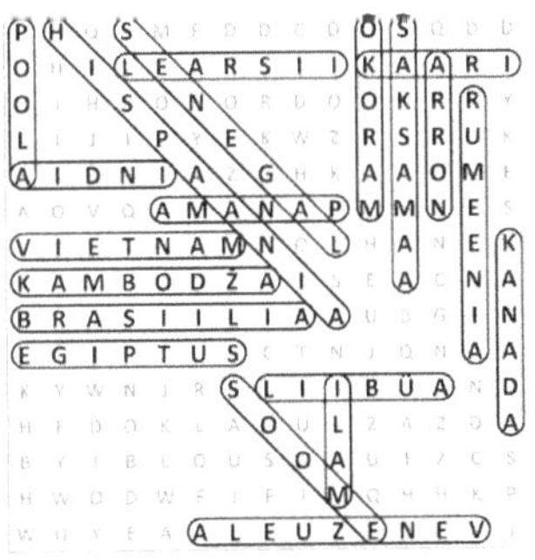

80 - Geometria

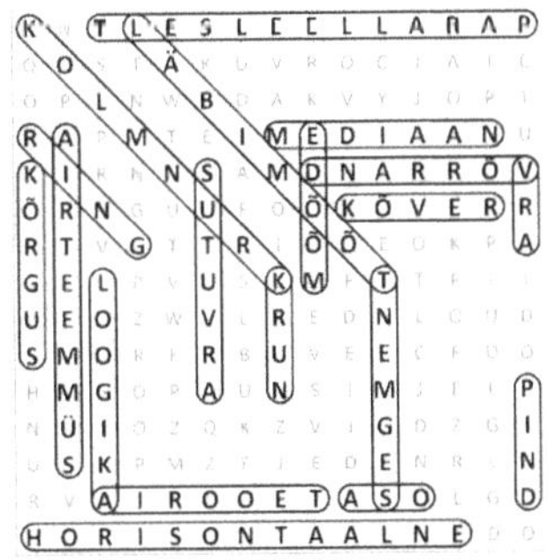

81 - Foresta Pluviale

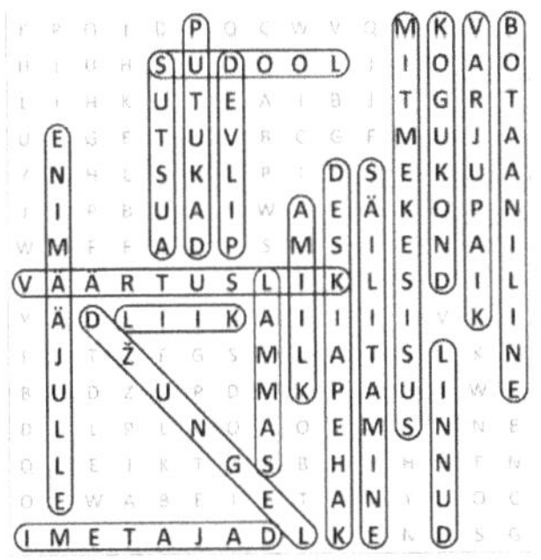

82 - Edifici

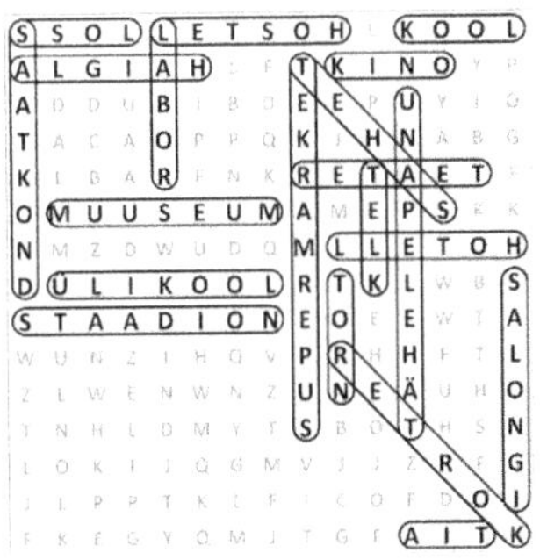

83 - Malattia

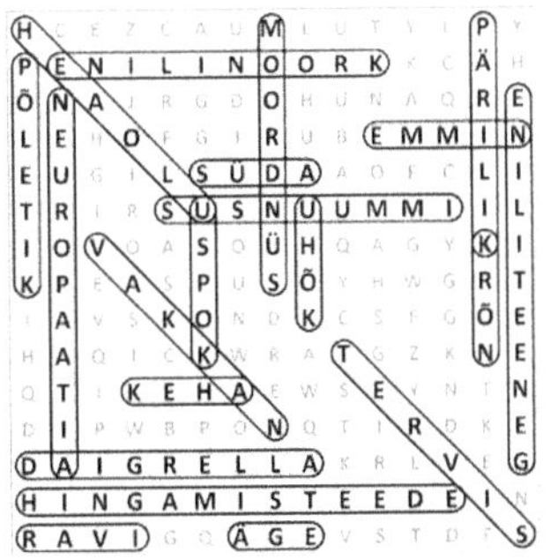

84 - Paesi #2

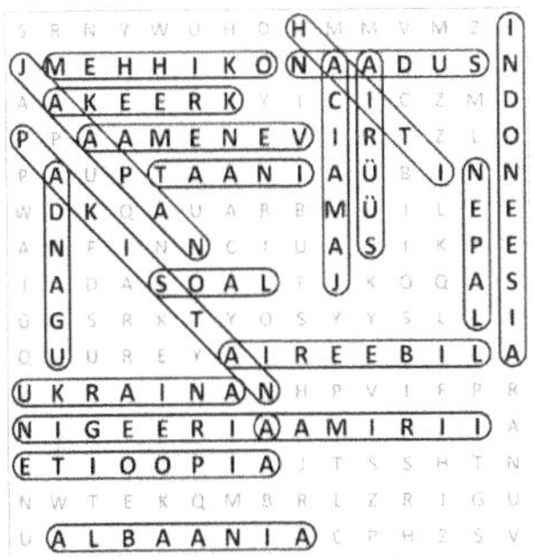

85 - Tipi di Capelli

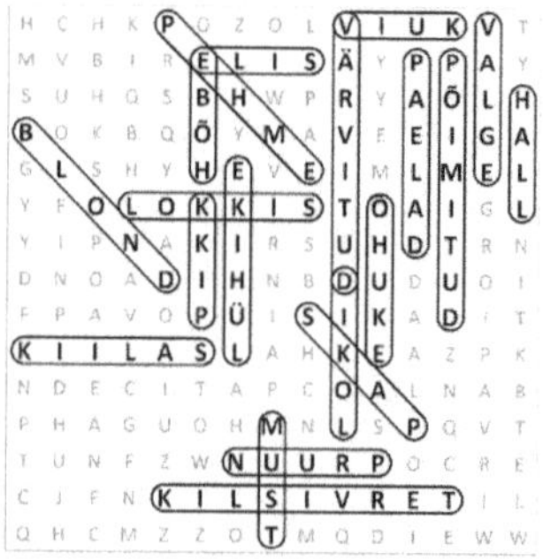

86 - Vestiti

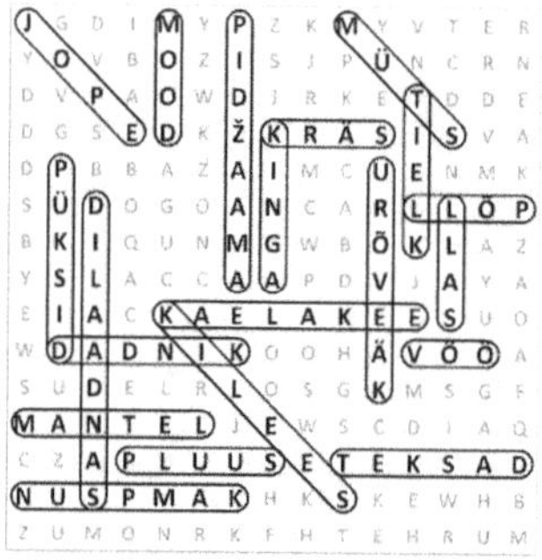

87 - Attività e Tempo Libero

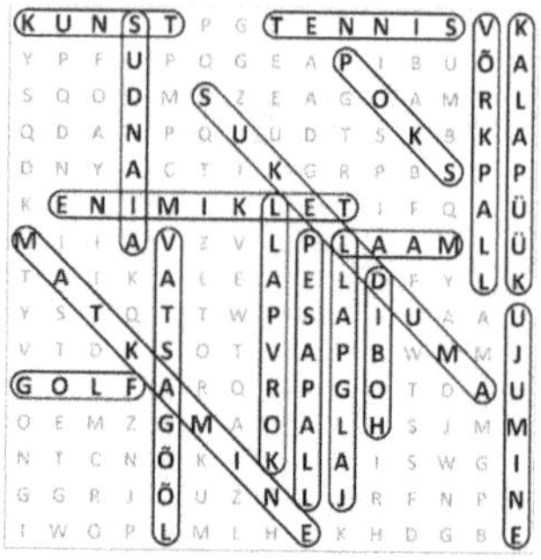

88 - Arte

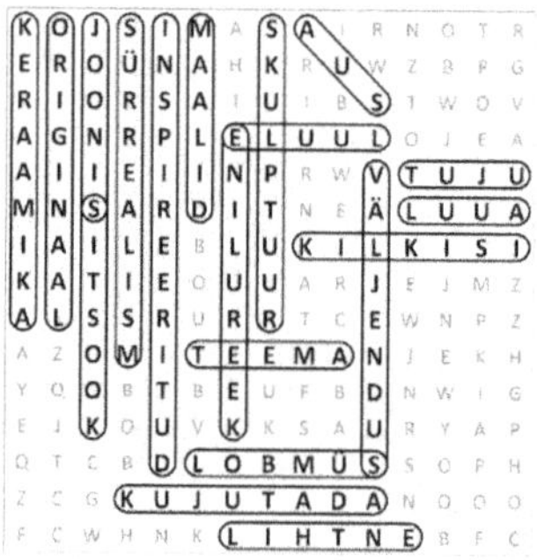

89 - Meteo

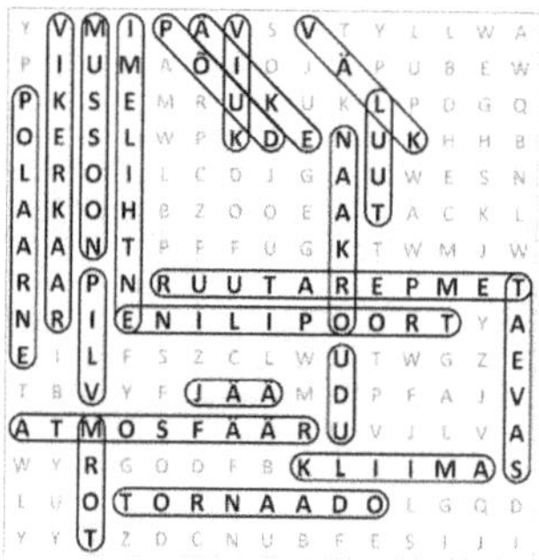

90 - Corpo Umano

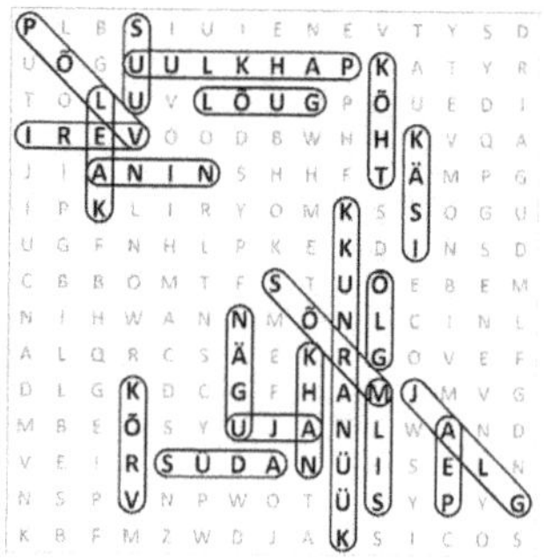

91 - Mammiferi

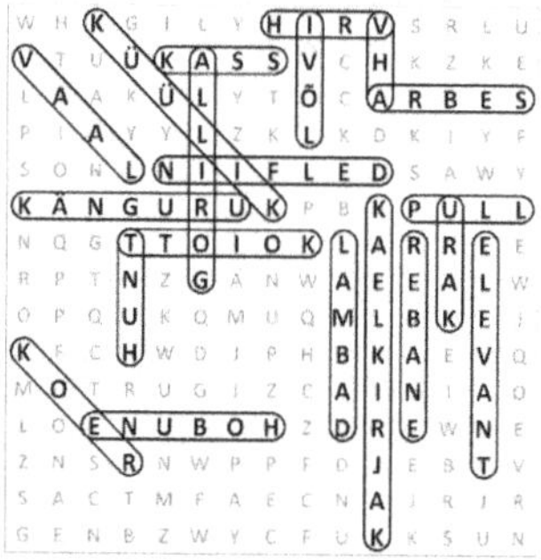

92 - Cucina

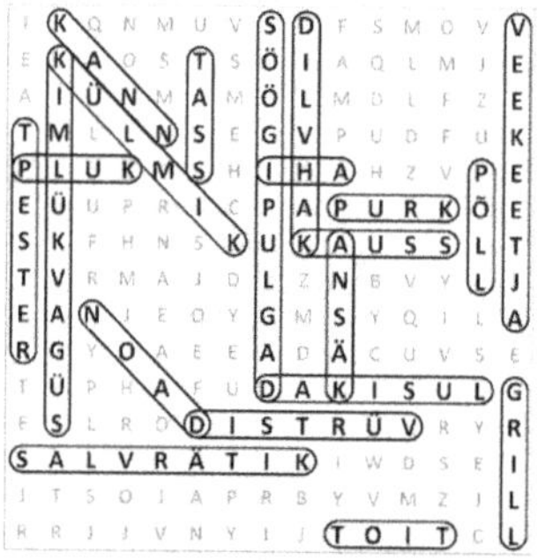

93 - Giardinaggio

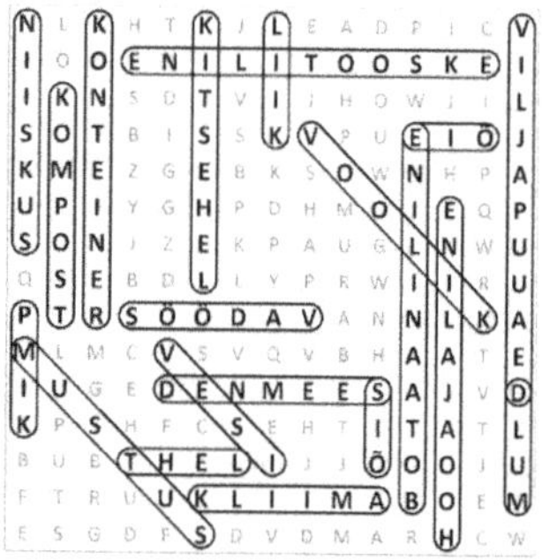

94 - Universo

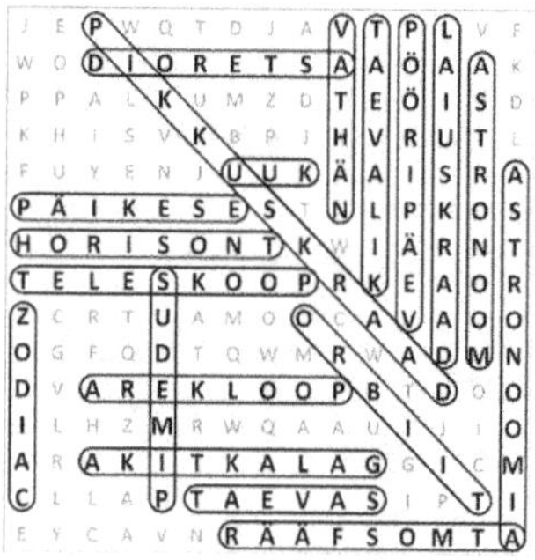

95 - Jazz

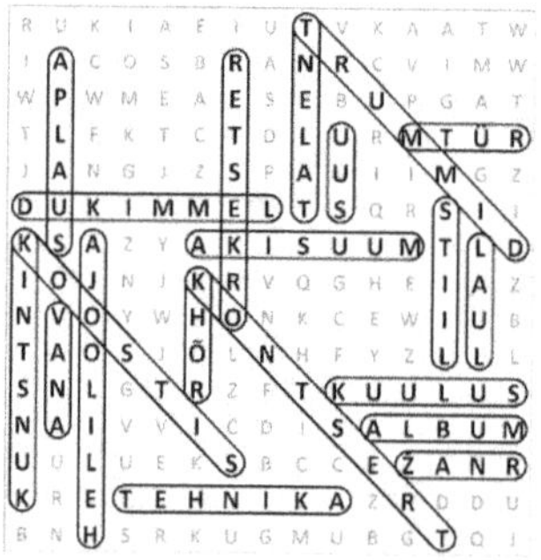

96 - Vacanze #2

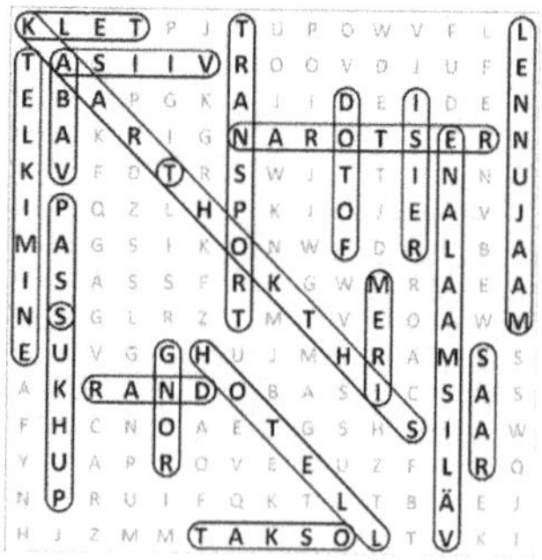

97 - Attività

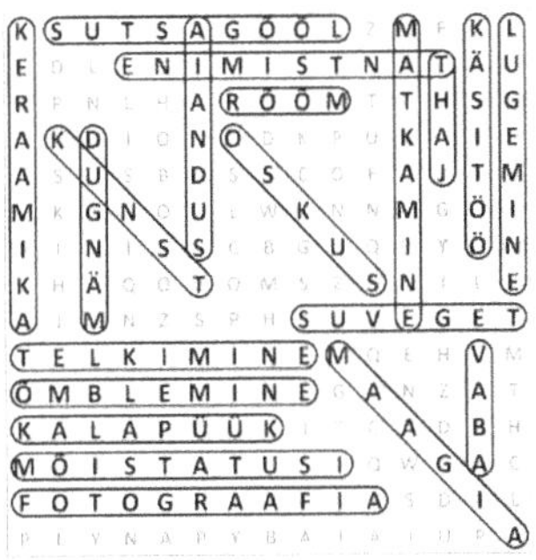

98 - Diplomazia

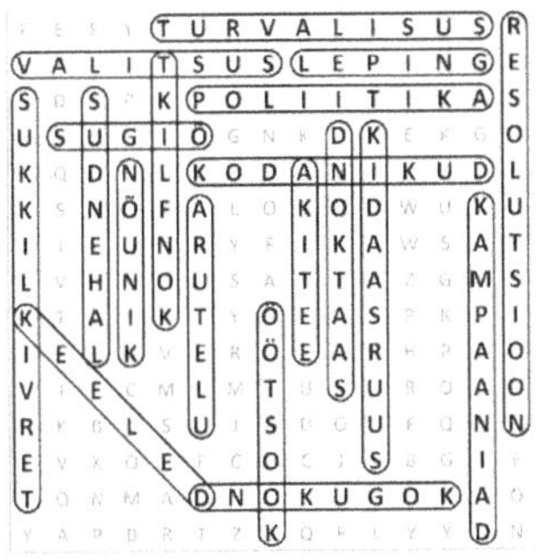

99 - Forniture Artistiche

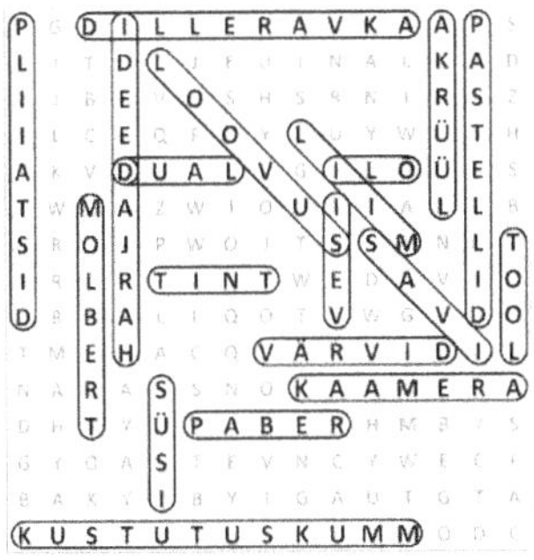

100 - Misurazioni

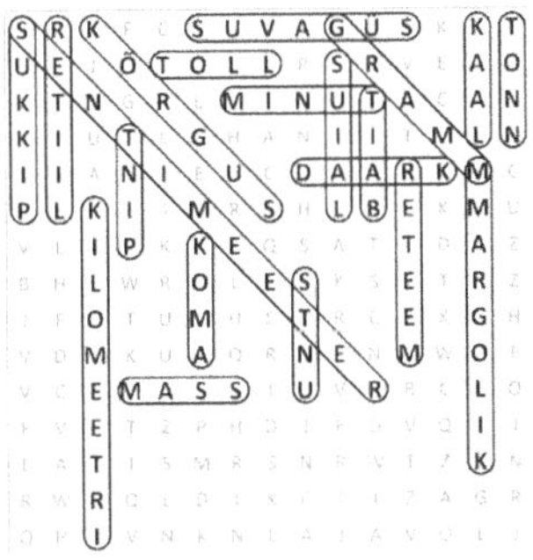

Dizionario

Acqua
Vesi

Alluvione	Üleujutus
Canale	Kanal
Doccia	Dušš
Evaporazione	Aurustumine
Fiume	Jõe
Gelo	Külm
Geyser	Geiser
Ghiaccio	Jää
Irrigazione	Niisutus
Lago	Järv
Monsone	Mussoon
Neve	Lumi
Oceano	Ookean
Onde	Lained
Pioggia	Vihma
Potabile	Joodav
Umidità	Niiskus
Umido	Niiske
Uragano	Orkaan
Vapore	Aur

Aeroplani
Lennukid

Altezza	Kõrgus
Aria	Õhk
Atmosfera	Atmosfäär
Atterraggio	Maandumine
Avventura	Seiklus
Carburante	Kütus
Cielo	Taevas
Costruzione	Ehitus
Design	Disain
Direzione	Suund
Discesa	Laskumine
Equipaggio	Meeskond
Idrogeno	Vesinik
Motore	Mootor
Navigare	Navigeerida
Palloncino	Õhupall
Passeggero	Reisija
Pilota	Piloot
Storia	Ajalugu
Turbolenza	Turbulents

Aggettivi #1
Omadussõnad #1

Aromatico	Aromaatne
Artistico	Kunstiline
Assoluto	Absoluutne
Attivo	Aktiivne
Esotico	Eksootiline
Felice	Õnnelik
Generoso	Helde
Giovane	Noor
Grande	Suur
Identico	Identne
Importante	Tähtis
Lento	Aeglane
Lungo	Pikk
Moderno	Kaasaegne
Onesto	Aus
Perfetto	Täiuslik
Pesante	Raske
Prezioso	Väärtuslik
Profondo	Sügav
Sottile	Õhuke

Aggettivi #2
Omadussõnad #2

Affamato	Näljane
Asciutto	Kuiv
Autentico	Autentne
Creativo	Loominguline
Descrittivo	Kirjeldav
Dolce	Magus
Drammatico	Dramaatiline
Elegante	Elegantne
Famoso	Kuulus
Forte	Tugev
Interessante	Huvitav
Naturale	Looduslik
Normale	Tavaline
Nuovo	Uus
Orgoglioso	Uhke
Produttivo	Produktiivne
Puro	Puhas
Responsabile	Vastutav
Salato	Soolane
Sano	Tervislik

Agronomia
Agronoomia

Acqua	Vesi
Agricoltura	Põllumajandus
Ambiente	Keskkond
Cibo	Toit
Crescita	Kasv
Ecologia	Ökoloogia
Energia	Energia
Erosione	Erosioon
Fertilizzante	Väetis
Inquinamento	Reostus
Malattie	Haigused
Organico	Orgaaniline
Produzione	Tootmine
Ricerca	Uurimistöö
Rurale	Maaelu
Scienza	Teadus
Semi	Seemned
Sistemi	Süsteemid
Studio	Uuring
Suolo	Muld

Algebra
Algebra

Diagramma	Skeem
Divisione	Rajoon
Equazione	Võrrand
Esponente	Eksponent
Falso	Vale
Fattore	Tegur
Formula	Valem
Frazione	Fraktsioon
Grafico	Graafik
Infinito	Lõpmatu
Lineare	Lineaarne
Matrice	Maatriks
Numero	Arv
Parentesi	Sulg
Problema	Probleem
Semplificare	Lihtsustama
Soluzione	Lahendus
Sottrazione	Lahutamine
Variabile	Muutuja
Zero	Null

Antartide
Antarktika

Acqua	Vesi
Ambiente	Keskkond
Baia	Lahe
Balene	Vaalad
Conservazione	Säilitamine
Continente	Kontinent
Geografia	Geograafia
Ghiacciai	Liustike
Ghiaccio	Jää
Isole	Saared
Migrazione	Ränne
Minerali	Mineraalid
Nuvole	Pilved
Penisola	Poolsaar
Ricercatore	Teadlane
Roccioso	Kivine
Scientifico	Teaduslik
Spedizione	Ekspeditsioon
Temperatura	Temperatuur
Topografia	Topograafia

Antiquariato
Antiikesemed

Arte	Kunst
Asta	Oksjon
Autentico	Autentne
Collezionista	Koguja
Condizione	Tingimus
Decorativo	Dekoratiivne
Elegante	Elegantne
Galleria	Galerii
Insolito	Ebaharilik
Investimento	Investeering
Mobilio	Mööbel
Monete	Mündid
Prezzo	Hind
Qualità	Kvaliteet
Restauro	Taastamine
Scultura	Skulptuur
Secolo	Sajand
Stile	Stiil
Valore	Väärtus
Vecchio	Vana

Api
Mesilased

Ali	Tiivad
Alveare	Taru
Benefico	Kasulik
Cera	Vaha
Cibo	Toit
Diversità	Mitmekesisus
Ecosistema	Ökosüsteem
Fiori	Lilled
Fiorire	Õis
Frutta	Puuviljad
Fumo	Suits
Giardino	Aed
Habitat	Elupaik
Insetto	Putukas
Miele	Mesi
Piante	Taimed
Polline	Õietolm
Regina	Kuninganna
Sciame	Sülem
Sole	Päike

Archeologia
Arheoloogia

Analisi	Analüüs
Antichità	Antiikajast
Antico	Iidne
Ceramica	Keraamika
Dimenticato	Unustatud
Discendente	Järeltulija
Era	Ajastu
Esperto	Ekspert
Fossile	Fossiil
Mistero	Mõistatus
Oggetti	Objektid
Ossa	Luud
Professore	Professor
Reliquia	Reliikvia
Ricercatore	Teadlane
Sconosciuto	Tundmatu
Squadra	Meeskond
Tempio	Tempel
Tomba	Haud
Valutazione	Hindamine

Arte
Kunst

Ceramica	Keraamika
Complesso	Keeruline
Composizione	Koostis
Creare	Luua
Dipinti	Maalid
Espressione	Väljendus
Figura	Joonis
Ispirato	Inspireeritud
Onesto	Aus
Originale	Originaal
Personale	Isiklik
Poesia	Luule
Ritrarre	Kujutada
Scultura	Skulptuur
Semplice	Lihtne
Simbolo	Sümbol
Soggetto	Teema
Surrealismo	Sürrealism
Umore	Tuju
Visivo	Visuaalne

Arti Visive
Visuaalne Kunst

Architettura	Arhitektuur
Argilla	Savi
Artista	Kunstnik
Capolavoro	Meistriteos
Carbone	Süsi
Cavalletto	Molbert
Cera	Vaha
Ceramica	Keraamika
Composizione	Koostis
Creatività	Loovus
Film	Film
Fotografia	Foto
Gesso	Kriit
Matita	Pliiats
Pittura	Maali
Prospettiva	Perspektiiv
Ritratto	Portree
Scultura	Skulptuur
Stampino	Šabloon
Vernice	Lakk

Astronomia
Astronoomia

Asteroide	Asteroid
Astronauta	Astronaut
Astronomo	Astronoom
Cielo	Taevas
Cosmo	Kosmos
Costellazione	Tähtkuju
Equinozio	Pööripäev
Galassia	Galaktika
Gravità	Raskus
Luna	Kuu
Meteora	Meteoor
Nebulosa	Udukogu
Osservatorio	Tähelepanu
Pianeta	Planeet
Radiazione	Kiirgus
Razzo	Rakett
Supernova	Supernoova
Telescopio	Teleskoop
Terra	Maa
Universo	Universum

Attività
Tegevused

Abilità	Oskus
Arte	Kunst
Artigianato	Käsitöö
Attività	Tegevus
Caccia	Jaht
Campeggio	Telkimine
Ceramica	Keraamika
Cucire	Õmblemine
Danza	Tantsimine
Escursioni	Matkamine
Fotografia	Fotograafia
Giardinaggio	Aiandus
Giochi	Mängud
Lettura	Lugemine
Magia	Maagia
Pesca	Kalapüük
Piacere	Rõõm
Puzzle	Mõistatusi
Rilassamento	Lõõgastus
Tempo Libero	Vaba

Attività Commerciale
Äri

Bilancio	Eelarve
Carriera	Karjäär
Costo	Kulu
Datore di Lavoro	Tööandja
Dipendente	Töötaja
Economia	Ökonoomika
Fabbrica	Tehas
Finanza	Rahandus
Investimento	Investeering
Merce	Kaup
Negozio	Pood
Profitto	Kasum
Reddito	Sissetulek
Sconto	Allahindlus
Società	Ettevõte
Soldi	Raha
Transazione	Tehing
Ufficio	Kontor
Valuta	Valuuta
Vendita	Müük

Attività e Tempo Libero
Tegevused ja Vaba Aeg

Arte	Kunst
Baseball	Pesapall
Basket	Korvpall
Boxe	Poks
Calcio	Jalgpall
Campeggio	Telkimine
Escursioni	Matkamine
Giardinaggio	Aiandus
Golf	Golf
Hobby	Hobid
Immersione	Sukelduma
Nuoto	Ujumine
Pallavolo	Võrkpall
Pesca	Kalapüük
Pittura	Maal
Rilassante	Lõõgastav
Surf	Surfamine
Tennis	Tennis
Viaggio	Reisimine

Avventura
Seiklus

Amici	Sõbrad
Attività	Tegevus
Bellezza	Ilu
Caso	Võimalus
Destinazione	Sihtkoht
Difficoltà	Raskused
Entusiasmo	Entusiasm
Escursione	Ekskursioon
Gioia	Rõõm
Insolito	Ebaharilik
Itinerario	Teekond
Natura	Loodus
Navigazione	Navigatsioon
Nuovo	Uus
Pericoloso	Ohtlik
Preparazione	Ettevalmistus
Sfide	Väljakutsed
Sicurezza	Ohutus
Sorprendente	Üllatav

Balletto
Ballett

Abilità	Oskus
Applauso	Aplaus
Artistico	Kunstiline
Assolo	Soolo
Ballerina	Baleriin
Ballerini	Tantsijad
Compositore	Helilooja
Coreografia	Koreograafia
Gesto	Žest
Grazioso	Graatsiline
Intensità	Intensiivsus
Muscoli	Lihased
Musica	Muusika
Orchestra	Orkester
Pratica	Tava
Prova	Peaproov
Pubblico	Publik
Ritmo	Rütm
Stile	Stiil
Tecnica	Tehnika

Barbecue
Grillid

Caldo	Kuum
Cena	Õhtusöök
Cibo	Toit
Cipolle	Sibul
Coltelli	Noad
Estate	Suvi
Fame	Nälg
Famiglia	Perekond
Frutta	Puuviljad
Giochi	Mängud
Griglia	Grill
Insalate	Salatid
Invito	Kutse
Musica	Muusika
Pepe	Pipar
Pollo	Kana
Pomodori	Tomatid
Pranzo	Lõuna
Sale	Sool
Salsa	Kaste

Bellezza
Ilu

Colore	Värv
Cosmetici	Kosmeetika
Elegante	Elegantne
Eleganza	Elegants
Fascino	Võlu
Forbici	Käärid
Fotogenico	Fotogeenne
Fragranza	Aroom
Grazia	Armu
Mascara	Ripsmetušš
Oli	Õlid
Pelle	Nahk
Prodotti	Tooted
Profumo	Lõhn
Riccioli	Lokid
Rossetto	Huulepulk
Servizi	Teenused
Shampoo	Šampoon
Specchio	Peegel
Stilista	Stilist

Biologia
Bioloogia

Anatomia	Anatoomia
Batteri	Bakterid
Cellula	Kamber
Collagene	Kollageen
Cromosoma	Kromosoom
Embrione	Embrüo
Enzima	Ensüüm
Evoluzione	Evolutsioon
Fotosintesi	Fotosüntees
Mammifero	Imetaja
Mutazione	Mutatsioon
Naturale	Looduslik
Nervo	Närv
Neurone	Neuron
Ormone	Hormoon
Osmosi	Osmoos
Proteina	Valk
Rettile	Roomaja
Simbiosi	Sümbioos
Sinapsi	Sünaps

Boxe
Poks

Abilità	Oskus
Angolo	Nurk
Arbitro	Kohtunik
Avversario	Vastane
Calcio	Kick
Campana	Bell
Combattente	Võitleja
Corde	Köied
Corpo	Keha
Esaurito	Ammendatud
Forza	Tugevus
Fuoco	Fookus
Gomito	Küünarnukk
Guanti	Kindad
Mento	Lõug
Pugno	Rusikas
Punti	Punktid
Rapido	Kiire
Recupero	Taastamine

Campeggio
Kämping

Alberi	Puud
Amaca	Võrkkiik
Animali	Loomad
Avventura	Seiklus
Bussola	Kompass
Cabina	Salongi
Caccia	Jaht
Canoa	Kanuu
Cappello	Müts
Corda	Köis
Divertimento	Lõbu
Foresta	Mets
Fuoco	Tulekahju
Insetto	Putukas
Lago	Järv
Luna	Kuu
Mappa	Kaart
Montagna	Mägi
Natura	Loodus
Tenda	Telk

Casa
Maja

Attico	Pööning
Biblioteca	Raamatukogu
Camera	Tuba
Camino	Kamin
Cucina	Köök
Doccia	Dušš
Finestra	Aken
Garage	Garaaž
Giardino	Aed
Lampada	Lamp
Parete	Sein
Pavimento	Põrand
Porta	Uks
Recinto	Tara
Rubinetto	Kraan
Scopa	Luud
Soffitto	Lagi
Specchio	Peegel
Tappeto	Vaip
Tetto	Katus

Chimica
Keemia

Acido	Hape
Alcalino	Leelis
Atomico	Aatomi
Calore	Kuumus
Carbonio	Süsinik
Catalizzatore	Katalüsaator
Cloro	Kloor
Elettrone	Elektron
Enzima	Ensüüm
Gas	Gaas
Idrogeno	Vesinik
Ione	Ioon
Liquido	Vedelik
Molecola	Molekul
Nucleare	Tuuma
Organico	Orgaaniline
Ossigeno	Hapnik
Peso	Kaal
Sale	Sool
Temperatura	Temperatuur

Cibo #1
Toit #1

Aglio	Küüslauk
Basilico	Basiilik
Cannella	Kaneel
Carne	Liha
Carota	Porgand
Cipolla	Sibul
Fragola	Maasikas
Insalata	Salat
Latte	Piim
Limone	Sidrun
Menta	Piparmünt
Orzo	Odra
Pera	Pirn
Rapa	Naeris
Sale	Sool
Spinaci	Spinat
Succo	Mahl
Tonno	Tuunikala
Torta	Kook
Zucchero	Suhkur

Cibo #2
Toit #2

Banana	Banaan
Broccolo	Brokkoli
Ciliegia	Kirss
Cioccolato	Šokolaad
Formaggio	Juust
Fungo	Seen
Grano	Nisu
Kiwi	Kiivi
Mela	Õun
Melanzana	Baklažaan
Pane	Leib
Pesce	Kala
Pollo	Kana
Pomodoro	Tomat
Prosciutto	Sink
Riso	Riis
Sedano	Seller
Uovo	Muna
Uva	Viinamarja
Yogurt	Jogurt

Cioccolato
Šokolaad

Amaro	Kibe
Antiossidante	Antioksüdant
Arachidi	Maapähklid
Aroma	Aroom
Artigianale	Käsitöö
Cacao	Kakao
Calorie	Kaloreid
Caramella	Kommid
Caramello	Karamell
Delizioso	Maitsev
Dolce	Magus
Esotico	Eksootiline
Gusto	Maitse
Ingrediente	Koostisosa
Noce di Cocco	Kookospähkel
Polvere	Pulber
Preferito	Lemmik
Qualità	Kvaliteet
Ricetta	Retsept
Zucchero	Suhkur

Città
Linn

Aeroporto	Lennujaam
Banca	Pank
Biblioteca	Raamatukogu
Cinema	Kino
Clinica	Kliinik
Farmacia	Apteek
Fiorista	Lillepood
Galleria	Galerii
Hotel	Hotell
Libreria	Raamatupood
Mercato	Turg
Museo	Muuseum
Negozio	Kauplus
Panetteria	Pagaritöö
Scuola	Kool
Stadio	Staadion
Supermercato	Supermarket
Teatro	Teater
Università	Ülikool
Zoo	Loomaaed

Corpo Umano
Inimkeha

Bocca	Suu
Caviglia	Pahkluu
Cervello	Aju
Collo	Kael
Cuore	Süda
Dito	Sõrm
Faccia	Nägu
Gamba	Jalg
Ginocchio	Põlv
Gomito	Küünarnukk
Mano	Käsi
Mento	Lõug
Naso	Nina
Occhio	Silm
Orecchio	Kõrv
Pelle	Nahk
Sangue	Veri
Spalla	Õlg
Stomaco	Kõht
Testa	Pea

Creatività
Loovus

Abilità	Oskus
Artistico	Kunstiline
Autenticità	Autentsus
Chiarezza	Selgus
Drammatico	Dramaatiline
Emozioni	Emotsioone
Espressione	Väljendus
Fluidità	Voolavus
Idee	Ideed
Immaginazione	Kujutlusvõime
Immagine	Pilt
Impressione	Mulje
Intensità	Intensiivsus
Intuizione	Intuitsioon
Inventivo	Leidlik
Sensazione	Tunne
Sentimenti	Tundeid
Spontaneo	Spontaanne
Visioni	Nägemused
Vitalità	Elujõudu

Cucina
Köök

Bacchette	Söögipulgad
Bollitore	Veekeetja
Brocca	Kann
Cibo	Toit
Ciotola	Kauss
Coltelli	Noad
Congelatore	Sügavkülmik
Cucchiai	Lusikad
Forchette	Kahvlid
Forno	Ahi
Frigorifero	Külmik
Grembiule	Põll
Griglia	Grill
Mestolo	Kulp
Ricetta	Retsept
Spezie	Vürtsid
Spugna	Käsna
Tazze	Tass
Tovagliolo	Salvrätik
Vaso	Purk

Diplomazia
Diplomaatia

Ambasciata	Saatkond
Ambasciatore	Suursaadik
Campagne	Kampaaniad
Cittadini	Kodanikud
Comunità	Kogukond
Conflitto	Konflikt
Consigliere	Nõunik
Cooperazione	Koostöö
Discussione	Arutelu
Etica	Eetika
Giustizia	Õigus
Governo	Valitsus
Integrità	Terviklikkus
Lingue	Keeled
Politica	Poliitika
Risoluzione	Resolutsioon
Sicurezza	Turvalisus
Soluzione	Lahendus
Trattato	Leping
Umanitario	Humanitaar

Discipline Scientifiche
Teaduslikud Distsipliinid

Anatomia	Anatoomia
Archeologia	Arheoloogia
Astronomia	Astronoomia
Biochimica	Biokeemia
Biologia	Bioloogia
Botanica	Botaanika
Chimica	Keemia
Ecologia	Ökoloogia
Fisiologia	Füsioloogia
Geologia	Geoloogia
Immunologia	Immunoloogia
Linguistica	Keeleteadus
Meccanica	Mehaanika
Meteorologia	Meteoroloogia
Mineralogia	Mineraloogia
Neurologia	Neuroloogia
Nutrizione	Toitumine
Psicologia	Psühholoogia
Sociologia	Sotsioloogia
Zoologia	Zooloogia

Edifici
Hooned

Ambasciata	Saatkond
Appartamento	Korter
Cabina	Salongi
Castello	Loss
Cinema	Kino
Fabbrica	Tehas
Fienile	Ait
Hotel	Hotell
Laboratorio	Labor
Museo	Muuseum
Ospedale	Haigla
Osservatorio	Tähelepanu
Ostello	Hostel
Scuola	Kool
Stadio	Staadion
Supermercato	Supermarket
Teatro	Teater
Tenda	Telk
Torre	Torn
Università	Ülikool

Elettricità
Elekter

Attrezzatura	Varustus
Batteria	Aku
Cavo	Kaabel
Conservazione	Ladustamine
Elettricista	Elektrik
Elettrico	Elektriline
Fili	Juhtmed
Generatore	Generaator
Lampada	Lamp
Lampadina	Pirn
Laser	Laser
Magnete	Magnet
Negativo	Negatiivne
Oggetti	Objektid
Positivo	Positiivne
Presa	Pistikupesa
Quantità	Kogus
Rete	Võrk
Telefono	Telefon
Televisione	Televisioon

Energia
Energia

Ambiente	Keskkond
Batteria	Aku
Benzina	Bensiin
Calore	Kuumus
Carbonio	Süsinik
Carburante	Kütus
Diesel	Diisel
Elettrico	Elektriline
Elettrone	Elektron
Entropia	Entroopia
Fotone	Footon
Idrogeno	Vesinik
Industria	Tööstus
Inquinamento	Reostus
Motore	Mootor
Nucleare	Tuuma
Rinnovabile	Uuendav
Turbina	Turbiin
Vapore	Aur
Vento	Tuul

Erboristeria
Herbalism

Aglio	Küüslauk
Aneto	Till
Aromatico	Aromaatne
Basilico	Basiilik
Culinario	Kulinaar
Dragoncello	Estragon
Finocchio	Apteegitill
Fiore	Lill
Giardino	Aed
Ingrediente	Koostisosa
Lavanda	Lavendel
Maggiorana	Marjoram
Menta	Piparmünt
Origano	Pune
Prezzemolo	Petersell
Qualità	Kvaliteet
Rosmarino	Rosmariin
Timo	Liivatee
Verde	Roheline
Zafferano	Safran

Escursionismo
Matkamine

Acqua	Vesi
Animali	Loomad
Campeggio	Telkimine
Clima	Kliima
Guide	Juhendid
Mappa	Kaart
Montagna	Mägi
Natura	Loodus
Orientamento	Orientatsioon
Parchi	Park
Pericoli	Ohud
Pesante	Raske
Pietre	Kivid
Preparazione	Ettevalmistus
Scogliera	Kalju
Selvaggio	Metsik
Sole	Päike
Stanco	Väsinud
Stivali	Saapad
Vertice	Tippkohtumine

Etica
Eetika

Altruismo	Altruism
Benevolo	Heatahtlik
Compassione	Kaastunne
Cooperazione	Koostöö
Dignità	Väärikus
Filosofia	Filosoofia
Gentilezza	Headus
Individualismo	Individualism
Integrità	Terviklikkus
Onestà	Ausus
Ottimismo	Optimism
Pazienza	Kannatlikkust
Ragionevole	Mõistlik
Razionalità	Otstarbekuse
Realismo	Realism
Rispettoso	Lugupidav
Saggezza	Tarkus
Tolleranza	Sallivus
Umanità	Inimkond
Valori	Väärtused

Fantascienza
Ulme

Atomico	Aatomi
Cinema	Kino
Distopia	Düstoopia
Esplosione	Plahvatus
Estremo	Äärmuslik
Fantastico	Fantastiline
Fuoco	Tulekahju
Futuristico	Futuristlik
Galassia	Galaktika
Illusione	Illusioon
Immaginario	Kujuteldav
Libri	Raamatud
Misterioso	Salapärane
Mondo	Maailm
Oracolo	Oraakel
Pianeta	Planeet
Realistico	Realistlik
Robot	Robotid
Tecnologia	Tehnoloogia
Utopia	Utoopia

Fattoria #1
Talu #1

Acqua	Vesi
Agricoltura	Põllumajandus
Ape	Mesilane
Asino	Eesel
Campo	Põld
Cane	Koer
Capra	Kits
Cavallo	Hobune
Fertilizzante	Väetis
Fieno	Hein
Gatto	Kass
Gregge	Karja
Maiale	Siga
Miele	Mesi
Mucca	Lehm
Pollo	Kana
Recinto	Tara
Riso	Riis
Semi	Seemned
Vitello	Vasikas

Fattoria #2
Talu #2

Agnello	Lambaliha
Agricoltore	Talunik
Alveare	Mesitaru
Anatra	Part
Animali	Loomad
Cibo	Toit
Fienile	Ait
Frutta	Puuviljad
Frutteto	Viljapuuaed
Grano	Nisu
Irrigazione	Niisutus
Lama	Laama
Latte	Piim
Mais	Mais
Oche	Hane
Orzo	Odra
Pastore	Karjane
Pecora	Lambad
Prato	Niit
Trattore	Traktor

Filantropia
Filantroopia

Bambini	Lapsed
Bisogno	Vaja
Carità	Heategevus
Comunità	Kogukond
Contatti	Kontaktid
Finanza	Rahandus
Fondi	Vahendid
Generosità	Suuremeelsus
Gioventù	Noorus
Globale	Globaalne
Gruppi	Rühmad
Missione	Missioon
Obiettivi	Eesmärk
Onestà	Ausus
Persone	Inimesed
Programmi	Programmid
Pubblico	Avalik
Sfide	Väljakutsed
Storia	Ajalugu
Umanità	Inimkond

Fiori
Lilled

Gardenia	Gardeenia
Gelsomino	Jasmiin
Giglio	Liilia
Girasole	Päevalill
Ibisco	Hibisk
Lavanda	Lavendel
Lilla	Lilla
Magnolia	Magnoolia
Margherita	Daisy
Mazzo	Kimp
Narciso	Nartsiss
Orchidea	Orhidee
Papavero	Unimagun
Passiflora	Kannatuslill
Peonia	Pojeng
Petalo	Kroonleht
Plumeria	Plumeria
Rosa	Roos
Trifoglio	Ristik
Tulipano	Tulbi

Fisica
Füüsika

Accelerazione	Kiirendus
Atomo	Aatom
Caos	Kaos
Chimico	Keemiline
Densità	Tihedus
Elettrone	Elektron
Espansione	Laienemine
Formula	Valem
Frequenza	Sagedus
Gas	Gaas
Gravità	Raskus
Magnetismo	Magnetism
Meccanica	Mehaanika
Molecola	Molekul
Motore	Mootor
Nucleare	Tuuma
Particella	Osake
Relatività	Suhtelisus
Universale	Universaalne
Velocità	Kiirus

Foresta Pluviale
Vihmametsade

Anfibi	Kahepaiksed
Botanico	Botaaniline
Clima	Kliima
Comunità	Kogukond
Diversità	Mitmekesisus
Giungla	Džungel
Indigeno	Põlisrahvaste
Insetti	Putukad
Mammiferi	Imetajad
Muschio	Sammal
Natura	Loodus
Nuvole	Pilved
Preservazione	Säilitamine
Prezioso	Väärtuslik
Restauro	Taastamine
Rifugio	Varjupaik
Rispetto	Austus
Sopravvivenza	Ellujäämine
Specie	Liik
Uccelli	Linnud

Forme
Kujundid

Angolo	Nurk
Arco	Kaar
Bordi	Servad
Cerchio	Ring
Cilindro	Silinder
Cono	Koonus
Cubo	Kuubik
Curva	Kõver
Ellisse	Ellips
Iperbole	Hüperbool
Lato	Pool
Linea	Rida
Ovale	Ovaal
Piramide	Püramiid
Poligono	Hulknurk
Prisma	Prisma
Quadrato	Ruut
Rettangolo	Ristkülik
Sfera	Kera
Triangolo	Kolmnurk

Forniture Artistiche
Kunstitarbed

Acqua	Vesi
Acquerelli	Akvarellid
Acrilico	Akrüül
Argilla	Savi
Carbone	Süsi
Carta	Paber
Cavalletto	Molbert
Colla	Liim
Colori	Värvid
Creatività	Loovus
Gomma	Kustutuskumm
Idee	Ideed
Inchiostro	Tint
Matite	Pliiatsid
Olio	Õli
Pastelli	Pastellid
Sedia	Tool
Spazzole	Harjad
Tavolo	Laud
Telecamera	Kaamera

Forza e Gravità
Jõud ja Gravitatsioon

Asse	Telg
Attrito	Hõõrdumise
Centro	Keskus
Dinamico	Dünaamiline
Distanza	Kaugus
Espansione	Laienemine
Fisica	Füüsika
Impatto	Mõju
Magnetismo	Magnetism
Meccanica	Mehaanika
Movimento	Liikumine
Orbita	Orbiit
Peso	Kaal
Pianeti	Planeedid
Pressione	Rõhk
Proprietà	Omadused
Scoperta	Avastus
Tempo	Aeg
Universale	Universaalne
Velocità	Kiirus

Frutta
Puuviljad

Albicocca	Aprikoos
Ananas	Ananass
Arancia	Oranž
Avocado	Avokaado
Bacca	Mari
Banana	Banaan
Ciliegia	Kirss
Kiwi	Kiivi
Lampone	Vaarikas
Limone	Sidrun
Mango	Mango
Mela	Õun
Melone	Melon
Mora	Murakas
Nettarina	Nektariin
Papaia	Papaia
Pera	Pirn
Pesca	Virsik
Prugna	Ploom
Uva	Viinamarja

Geografia
Geograafia

Altitudine	Kõrgus
Atlante	Atlas
Città	Linn
Continente	Kontinent
Emisfero	Poolkera
Fiume	Jõe
Isola	Saar
Latitudine	Laiuskraad
Longitudine	Pikkuskraad
Mappa	Kaart
Mare	Meri
Meridiano	Meridiaan
Mondo	Maailm
Montagna	Mägi
Nord	Põhja
Ovest	Lääne
Paese	Riik
Regione	Piirkond
Sud	Lõuna
Territorio	Territoorium

Geologia
Geoloogia

Acido	Hape
Altopiano	Platoo
Calcio	Kaltsium
Caverna	Koobas
Continente	Kontinent
Corallo	Korall
Cristalli	Kristallid
Erosione	Erosioon
Fossile	Fossiil
Geyser	Geiser
Lava	Lava
Minerali	Mineraalid
Pietra	Kivi
Quarzo	Kvarts
Sale	Sool
Stalagmiti	Stalagmiidid
Stalattite	Stalaktiit
Strato	Kiht
Terremoto	Maavärin
Vulcano	Vulkaan

Geometria
Geomeetriline

Altezza	Kõrgus
Angolo	Nurk
Calcolo	Arvutus
Cerchio	Ring
Curva	Kõver
Diametro	Läbimõõt
Dimensione	Mõõde
Equazione	Võrrand
Logica	Loogika
Mediano	Mediaan
Numero	Arv
Orizzontale	Horisontaalne
Parallelo	Paralleelselt
Proporzione	Osa
Segmento	Segment
Simmetria	Sümmeetria
Superficie	Pind
Teoria	Teooria
Triangolo	Kolmnurk
Verticale	Vertikaalne

Giardinaggio
Aiandus

Acqua	Vesi
Botanico	Botaaniline
Clima	Kliima
Commestibile	Söödav
Compost	Kompost
Contenitore	Konteiner
Esotico	Eksootiline
Fiorire	Õis
Floreale	Õie
Foglia	Leht
Fogliame	Lehestik
Frutteto	Viljapuuaed
Mazzo	Kimp
Semi	Seemned
Specie	Liik
Sporco	Mustus
Stagionale	Hooajaline
Suolo	Muld
Tubo	Voolik
Umidità	Niiskus

Giardino
Aed

Albero	Puu
Amaca	Võrkkiik
Cespuglio	Põõsas
Erba	Muru
Erbacce	Umbrohi
Fiore	Lill
Frutteto	Viljapuuaed
Garage	Garaaž
Giardino	Aed
Pala	Kühvel
Panca	Pink
Portico	Veranda
Rastrello	Reha
Recinto	Tara
Stagno	Tiik
Suolo	Muld
Terrazza	Terrass
Trampolino	Batuut
Tubo	Voolik
Vite	Viinapuu

Giorni e Mesi
Päevad ja Kuud

Agosto	August
Anno	Aasta
Aprile	Aprill
Calendario	Kalender
Dicembre	Detsember
Domenica	Pühapäev
Febbraio	Veebruar
Gennaio	Jaanuar
Giugno	Juuni
Luglio	Juuli
Lunedì	Esmaspäev
Martedì	Teisipäev
Mercoledì	Kolmapäev
Mese	Kuu
Novembre	November
Ottobre	Oktoober
Sabato	Laupäev
Settembre	September
Settimana	Nädal
Venerdì	Reede

Governo
Valitsus

Capo	Juht
Cittadinanza	Kodakondsus
Civile	Tsiviil
Costituzione	Põhiseadus
Democrazia	Demokraatia
Discorso	Kõne
Discussione	Arutelu
Giudiziario	Õiguslik
Giustizia	Õigus
Indipendenza	Iseseisvus
Legge	Seadus
Libertà	Vabadus
Monumento	Monument
Nazionale	Rahvuslik
Nazione	Rahvus
Politica	Poliitika
Quartiere	Linnaosa
Simbolo	Sümbol
Stato	Riik
Uguaglianza	Võrdsus

Guida
Sõitmine

Auto	Auto
Autobus	Buss
Carburante	Kütus
Freni	Pidurid
Garage	Garaaž
Gas	Gaas
Incidente	Õnnetus
Licenza	Litsents
Mappa	Kaart
Moto	Mootorratas
Motore	Mootor
Pedonale	Jalakäija
Pericolo	Oht
Polizia	Politsei
Sicurezza	Ohutus
Strada	Tee
Traffico	Liiklus
Trasporto	Transport
Tunnel	Tunnel
Velocità	Kiirus

I Media
Keskmine

Atteggiamenti	Hoiakud
Commerciale	Kaubanduslik
Comunicazione	Teatis
Digitale	Digitaalne
Edizione	Väljaanne
Educazione	Haridus
Fatti	Faktid
Finanziamento	Rahastamine
Foto	Fotod
Giornali	Ajalehed
Individuale	Individuaalne
Industria	Tööstus
Locale	Kohalik
Online	Online
Opinione	Arvamus
Pubblico	Avalik
Radio	Raadio
Rete	Võrk
Riviste	Ajakirjad
Televisione	Televisioon

Imbarcazioni
Paadid

Albero	Mast
Ancora	Ankur
Barca a Vela	Purjekas
Boa	Poi
Canoa	Kanuu
Corda	Köis
Equipaggio	Meeskond
Fiume	Jõe
Kayak	Süsta
Lago	Järv
Mare	Meri
Marea	Tõusulaine
Marinaio	Madrus
Motore	Mootor
Nautico	Mered
Oceano	Ookean
Onde	Lained
Traghetto	Praam
Yacht	Jaht
Zattera	Parv

Ingegneria
Engineering

Angolo	Nurk
Asse	Telg
Calcolo	Arvutus
Costruzione	Ehitus
Diagramma	Skeem
Diametro	Läbimõõt
Diesel	Diisel
Distribuzione	Levitamine
Energia	Energia
Forza	Tugevus
Ingranaggi	Käik
Liquido	Vedelik
Macchina	Masin
Misurazione	Mõõtmine
Motore	Mootor
Profondità	Sügavus
Propulsione	Poolt
Rotazione	Rotatsiooni
Stabilità	Stabiilsus
Struttura	Struktuur

Jazz
Jazz

Album	Album
Applauso	Aplaus
Artista	Kunstnik
Batteria	Trummid
Canzone	Laul
Compositore	Helilooja
Composizione	Koostis
Concerto	Kontsert
Enfasi	Rõhk
Famoso	Kuulus
Genere	Žanr
Musica	Muusika
Nuovo	Uus
Orchestra	Orkester
Preferiti	Lemmikud
Ritmo	Rütm
Stile	Stiil
Talento	Talent
Tecnica	Tehnika
Vecchio	Vana

Letteratura
Kirjandus

Analisi	Analüüs
Analogia	Analoogia
Aneddoto	Anekdoot
Autore	Autor
Biografia	Elulugu
Conclusione	Järeldus
Confronto	Võrdlus
Descrizione	Kirjeldus
Dialogo	Dialoog
Genere	Žanr
Metafora	Metafoor
Opinione	Arvamus
Poesia	Luuletus
Poetico	Poeetiline
Rima	Riim
Ritmo	Rütm
Romanzo	Romaan
Stile	Stiil
Tema	Teema
Tragedia	Tragöödia

Libri
Raamatud

Autore	Autor
Avventura	Seiklus
Collezione	Kogumine
Contesto	Kontekst
Dualità	Duaalsus
Epico	Eepiline
Inventivo	Leidlik
Letterario	Kirjandus
Lettore	Lugeja
Narratore	Jutustaja
Pagina	Leht
Poesia	Luule
Rilevante	Asjakohane
Romanzo	Romaan
Scritto	Kirjalik
Serie	Seeria
Storia	Lugu
Storico	Ajalooline
Tragico	Traagiline
Umoristico	Humoorikas

Malattia
Haigus

Acuto	Äge
Addominale	Kõhu
Allergie	Allergiad
Benessere	Heaolu
Contagioso	Nakkav
Corpo	Keha
Cronico	Krooniline
Cuore	Süda
Debole	Nõrk
Ereditario	Pärilik
Genetico	Geneetiline
Immunità	Immuunsus
Infiammazione	Põletik
Lombare	Nimme
Neuropatia	Neuropaatia
Polmonare	Kopsu
Respiratorio	Hingamisteede
Salute	Tervis
Sindrome	Sündroom
Terapia	Ravi

Mammiferi
Imetajad

Balena	Vaal
Cane	Koer
Canguro	Känguru
Cavallo	Hobune
Cervo	Hirv
Coniglio	Küülik
Coyote	Koiott
Delfino	Delfiin
Elefante	Elevant
Gatto	Kass
Giraffa	Kaelkirjak
Gorilla	Gorilla
Leone	Lõvi
Lupo	Hunt
Orso	Karu
Pecora	Lambad
Scimmia	Ahv
Toro	Pull
Volpe	Rebane
Zebra	Sebra

Matematica
Matemaatika

Angoli	Nurgad
Aritmetica	Aritmeetika
Decimale	Koma
Diametro	Läbimõõt
Divisione	Rajoon
Equazione	Võrrand
Esponente	Eksponent
Frazione	Fraktsioon
Geometria	Geomeetria
Parallelo	Paralleelselt
Parallelogramma	Rööpkülik
Perimetro	Ümbermõõt
Perpendicolare	Risti
Poligono	Hulknurk
Quadrato	Ruut
Raggio	Raadius
Rettangolo	Ristkülik
Simmetria	Sümmeetria
Somma	Summa
Triangolo	Kolmnurk

Meditazione
Meditatsioon

Accettazione	Vastuvõtt
Attenzione	Tähelepanu
Calma	Rahulik
Chiarezza	Selgus
Compassione	Kaastunne
Emozioni	Emotsioone
Gentilezza	Headus
Gratitudine	Tänu
Mentale	Vaimne
Mente	Meeles
Movimento	Liikumine
Musica	Muusika
Natura	Loodus
Osservazione	Vaatlus
Pace	Rahu
Pensieri	Mõtted
Postura	Poos
Prospettiva	Perspektiiv
Respirazione	Hingamine
Silenzio	Vaikus

Meteo
Ilm

Arcobaleno	Vikerkaar
Asciutto	Kuiv
Atmosfera	Atmosfäär
Brezza	Imelihtne
Cielo	Taevas
Clima	Kliima
Fulmine	Välk
Ghiaccio	Jää
Monsone	Mussoon
Nebbia	Udu
Nube	Pilv
Polare	Polaarne
Siccità	Põud
Temperatura	Temperatuur
Tempesta	Torm
Tornado	Tornaado
Tropicale	Troopiline
Tuono	Äike
Uragano	Orkaan
Vento	Tuul

Misurazioni
Mõõtmised

Altezza	Kõrgus
Byte	Bait
Centimetro	Sentimeeter
Chilogrammo	Kilogramm
Chilometro	Kilomeetri
Decimale	Koma
Grado	Kraad
Grammo	Gramm
Larghezza	Laius
Litro	Liiter
Lunghezza	Pikkus
Massa	Mass
Metro	Meeter
Minuto	Minut
Oncia	Unts
Peso	Kaal
Pinta	Pint
Pollice	Toll
Profondità	Sügavus
Tonnellata	Tonn

Mitologia
Mütoloogia

Archetipo	Arhetüüp
Comportamento	Käitumine
Creatura	Olend
Creazione	Loomine
Cultura	Kultuur
Disastro	Katastroof
Divinità	Jumalused
Eroe	Kangelane
Forza	Tugevus
Fulmine	Välk
Gelosia	Armukadedus
Guerriero	Sõdalane
Immortalità	Surematus
Labirinto	Labürint
Leggenda	Legend
Magico	Maagiline
Mortale	Surelik
Mostro	Koletis
Tuono	Kõu
Vendetta	Kättemaks

Musica
Muusika

Album	Album
Armonia	Harmoonia
Armonico	Harmooniline
Ballata	Ballaad
Cantante	Laulja
Cantare	Laulma
Classico	Klassikaline
Coro	Koor
Lirico	Lüüriline
Melodia	Meloodia
Microfono	Mikrofon
Musicale	Muusikaline
Musicista	Muusik
Opera	Ooper
Poetico	Poeetiline
Registrazione	Salvestamine
Ritmico	Rütmiline
Ritmo	Rütm
Strumento	Vahend
Vocale	Vokaal

Natura
Iseloom

Animali	Loomad
Api	Mesilased
Artico	Arktiline
Bellezza	Ilu
Deserto	Kõrb
Dinamico	Dünaamiline
Erosione	Erosioon
Fiume	Jõe
Fogliame	Lehestik
Foresta	Mets
Ghiacciaio	Liustik
Nebbia	Udu
Nuvole	Pilved
Rifugio	Varjupaik
Santuario	Sanctuary
Scogliere	Kaljud
Selvaggio	Metsik
Sereno	Rahulik
Tropicale	Troopiline
Vitale	Eluline

Numeri
Numbrid

Cinque	Viis
Decimale	Koma
Diciannove	Üheksateist
Diciassette	Seitseteist
Diciotto	Kaheksateist
Dieci	Kümme
Dodici	Kaksteist
Due	Kaks
Nove	Üheksa
Otto	Kaheksa
Quattordici	Neliteist
Quattro	Neli
Quindici	Viisteist
Sedici	Kuusteist
Sei	Kuus
Sette	Seitse
Tre	Kolm
Tredici	Kolmteist
Venti	Kakskümmend
Zero	Null

Nutrizione
Toitumine

Amaro	Kibe
Appetito	Isu
Calorie	Kaloreid
Carboidrati	Süsivesikuid
Commestibile	Söödav
Dieta	Dieet
Digestione	Seedimine
Fermentazione	Käärimine
Gusto	Maitse
Liquidi	Vedelike
Nutriente	Toitaine
Peso	Kaal
Proteine	Valgud
Qualità	Kvaliteet
Salsa	Kaste
Salute	Tervis
Sano	Tervislik
Spezie	Vürtsid
Tossina	Toksiin
Vitamina	Vitamiin

Oceano
Ookean

Anguilla	Angerjas
Balena	Vaal
Barca	Paat
Corallo	Korall
Delfino	Delfiin
Gamberetto	Krevetid
Granchio	Krabi
Maree	Loodete
Medusa	Meduus
Onde	Lained
Ostrica	Auster
Pesce	Kala
Polpo	Kaheksajalg
Sale	Sool
Scogliera	Kari
Spugna	Käsna
Squalo	Hai
Tartaruga	Kilpkonn
Tempesta	Torm
Tonno	Tuunikala

Paesaggi
Maastikud

Cascata	Juga
Collina	Mäe
Deserto	Kõrb
Fiume	Jõe
Geyser	Geiser
Ghiacciaio	Liustik
Grotta	Koobas
Iceberg	Jäämägi
Isola	Saar
Lago	Järv
Mare	Meri
Montagna	Mägi
Oasi	Oaas
Oceano	Ookean
Palude	Soo
Penisola	Poolsaar
Spiaggia	Rand
Tundra	Tundra
Valle	Org
Vulcano	Vulkaan

Paesi #1

Riigid #1

Brasile	Brasiilia
Cambogia	Kambodža
Canada	Kanada
Egitto	Egiptus
Finlandia	Soome
Germania	Saksamaa
India	India
Iraq	Iraak
Israele	Iisrael
Libia	Liibüa
Mali	Mali
Marocco	Maroko
Norvegia	Norra
Panama	Panama
Polonia	Poola
Romania	Rumeenia
Senegal	Senegal
Spagna	Hispaania
Venezuela	Venezuela
Vietnam	Vietnam

Paesi #2

Riigid #2

Albania	Albaania
Danimarca	Taani
Etiopia	Etioopia
Giamaica	Jamaica
Giappone	Jaapan
Grecia	Kreeka
Haiti	Haiti
Indonesia	Indoneesia
Irlanda	Iirimaa
Laos	Laos
Liberia	Libeeria
Messico	Mehhiko
Nepal	Nepal
Nigeria	Nigeeria
Pakistan	Pakistan
Russia	Venemaa
Siria	Süüria
Sudan	Sudaan
Ucraina	Ukraina
Uganda	Uganda

Piante

Taimed

Albero	Puu
Bacca	Mari
Bambù	Bambus
Botanica	Botaanika
Cactus	Kaktus
Cespuglio	Põõsas
Crescere	Kasvama
Edera	Luuderohi
Erba	Muru
Fagiolo	Uba
Fertilizzante	Väetis
Fiore	Lill
Flora	Floora
Fogliame	Lehestik
Foresta	Mets
Giardino	Aed
Muschio	Sammal
Petalo	Kroonleht
Radice	Juur
Vegetazione	Taimestik

Professioni #1

Ametialad #1

Allenatore	Treener
Ambasciatore	Suursaadik
Artista	Kunstnik
Astronomo	Astronoom
Avvocato	Advokaat
Ballerino	Tantsija
Banchiere	Pankur
Cacciatore	Jahimees
Cartografo	Kartograaf
Editore	Toimetaja
Farmacista	Apteeker
Geologo	Geoloog
Gioielliere	Juveliir
Idraulico	Torumees
Infermiera	Õde
Marinaio	Madrus
Musicista	Muusik
Pianista	Pianist
Psicologo	Psühholoog
Scienziato	Teadlane

Professioni #2

Ametialad #2

Astronauta	Astronaut
Biologo	Bioloog
Chirurgo	Kirurg
Dentista	Hambaarst
Detective	Detektiiv
Filosofo	Filosoof
Fotografo	Fotograaf
Giardiniere	Aednik
Giornalista	Ajakirjanik
Illustratore	Illustraator
Ingegnere	Insener
Insegnante	Õpetaja
Inventore	Leiutaja
Investigatore	Uurija
Linguista	Keeleteadlane
Medico	Arst
Pilota	Piloot
Pittore	Maalikunstnik
Ricercatore	Teadlane
Zoologo	Zooloog

Psicologia

Psühholoogia

Clinico	Kliiniline
Comportamento	Käitumine
Conflitto	Konflikt
Ego	Ego
Emozioni	Emotsioone
Esperienze	Kogemusi
Idee	Ideed
Inconscio	Teadvuseta
Infanzia	Lapsepõlv
Influenze	Mõjutab
Pensieri	Mõtted
Percezione	Taju
Personalità	Isiksus
Problema	Probleem
Realtà	Tegelikkus
Ricordi	Mälestused
Sensazione	Tunne
Sogni	Unistused
Terapia	Ravi
Valutazione	Hindamine

Ristorante #2
Restoran #2

Acqua	Vesi
Aperitivo	Eelroa
Bevanda	Jook
Cameriere	Kelner
Cena	Õhtusöök
Cucchiaio	Lusikas
Delizioso	Maitsev
Forchetta	Kahvel
Frutta	Puuviljad
Ghiaccio	Jää
Insalata	Salat
Minestra	Supp
Pesce	Kala
Pranzo	Lõuna
Sale	Sool
Sedia	Tool
Spezie	Vürtsid
Torta	Kook
Uova	Munad
Verdure	Köögiviljad

Salute e Benessere #1
Tervis ja Heaolu #1

Abitudine	Harjumus
Altezza	Kõrgus
Attivo	Aktiivne
Batteri	Bakterid
Clinica	Kliinik
Fame	Nälg
Farmacia	Apteek
Frattura	Luumurd
Medicina	Ravim
Medico	Arst
Muscoli	Lihased
Nervi	Närve
Ormoni	Hormoonid
Ossa	Luud
Pelle	Nahk
Postura	Poos
Riflesso	Refleks
Rilassamento	Lõõgastus
Trattamento	Ravi
Virus	Viirus

Salute e Benessere #2
Tervis ja Heaolu #2

Allergia	Allergia
Anatomia	Anatoomia
Appetito	Isu
Caloria	Kalorsusega
Corpo	Keha
Dieta	Dieet
Digestione	Seedimine
Disidratazione	Dehüdratsioon
Energia	Energia
Genetica	Geneetika
Igiene	Hügieen
Infezione	Nakkus
Malattia	Haigus
Massaggio	Massaaž
Nutrizione	Toitumine
Ospedale	Haigla
Peso	Kaal
Sangue	Veri
Sano	Tervislik
Vitamina	Vitamiin

Scacchi
Male

Avversario	Vastane
Bianco	Valge
Campione	Meister
Concorso	Võistlus
Diagonale	Diagonaal
Giocatore	Mängija
Gioco	Mäng
Intelligente	Tark
Nero	Must
Passivo	Passiivne
Punti	Punktid
Re	Kuningas
Regina	Kuninganna
Regole	Reeglid
Sacrificio	Ohver
Sfide	Väljakutsed
Strategia	Strateegia
Tempo	Aeg
Torneo	Turniir

Scienza
Teadus

Atomo	Aatom
Chimico	Keemiline
Clima	Kliima
Dati	Andmed
Esperimento	Katse
Evoluzione	Evolutsioon
Fatto	Fakt
Fisica	Füüsika
Fossile	Fossiil
Gravità	Raskus
Ipotesi	Hüpotees
Laboratorio	Labor
Metodo	Meetod
Minerali	Mineraalid
Molecole	Molekulid
Natura	Loodus
Organismo	Organism
Osservazione	Vaatlus
Particelle	Osakesed
Scienziato	Teadlane

Spezie
Vürtsid

Aglio	Küüslauk
Amaro	Kibe
Anice	Aniisi
Cannella	Kaneel
Cardamomo	Kardemon
Cipolla	Sibul
Coriandolo	Koriandri
Cumino	Köömned
Curcuma	Kurkum
Curry	Karri
Dolce	Magus
Finocchio	Apteegitill
Liquirizia	Lagrits
Noce Moscata	Muskaatpähkel
Paprika	Paprika
Pepe	Pipar
Sale	Sool
Vaniglia	Vanill
Zafferano	Safran
Zenzero	Ingver

Sport

Sport

Allenatore	Treener
Atleta	Sportlane
Capacità	Võime
Cardiovascolare	Veresoonkonna
Ciclismo	Jalgrattasõit
Corpo	Keha
Danza	Tantsimine
Dieta	Dieet
Forza	Tugevus
Jogging	Sörkimine
Massimizzare	Maksimeerida
Metabolico	Metaboolne
Muscoli	Lihased
Nutrizione	Toitumine
Obiettivo	Eesmärk
Ossa	Luud
Programma	Programm
Resistenza	Vastupidavus
Salute	Tervis
Sportivo	Sport

Strumenti Musicali

Muusikariistad

Armonica	Suupill
Arpa	Harf
Banjo	Banjo
Chitarra	Kitarr
Clarinetto	Klarnet
Fagotto	Fagott
Flauto	Flööt
Gong	Gong
Mandolino	Mandoliin
Marimba	Marimba
Oboe	Oboe
Percussione	Löökpillid
Pianoforte	Klaver
Sassofono	Saksofon
Tamburello	Tamburiin
Tamburo	Trumm
Tromba	Trompet
Trombone	Tromboon
Violino	Viiul
Violoncello	Tšello

Tempo

Aeg

Anno	Aasta
Annuale	Aastane
Calendario	Kalender
Decennio	Kümnend
Dopo	Pärast
Futuro	Tulevik
Giorno	Päev
Ieri	Eile
Mattina	Hommik
Mese	Kuu
Mezzogiorno	Keskpäev
Minuto	Minut
Notte	Öö
Oggi	Täna
Ora	Tund
Orologio	Kell
Presto	Varsti
Prima	Enne
Secolo	Sajand
Settimana	Nädal

Tipi di Capelli

Juuste Tüübid

Argento	Hõbe
Asciutto	Kuiv
Bianco	Valge
Biondo	Blond
Breve	Lühike
Calvo	Kiilas
Colorato	Värvitud
Grigio	Hall
Intrecciato	Põimitud
Liscio	Sile
Lungo	Pikk
Marrone	Pruun
Morbido	Pehme
Nero	Must
Riccio	Lokkis
Riccioli	Lokid
Sano	Tervislik
Sottile	Õhuke
Spessore	Paks
Trecce	Paelad

Uccelli

Linnud

Airone	Haigur
Anatra	Part
Aquila	Kotkas
Cicogna	Toonekurg
Cigno	Luik
Cuculo	Kägu
Falco	Kull
Fenicottero	Flamingo
Gabbiano	Kajakas
Oca	Hani
Pappagallo	Papagoi
Passero	Varblane
Pavone	Paabulind
Pellicano	Pelikani
Piccione	Tuvi
Pinguino	Pingviin
Pollo	Kana
Struzzo	Jaanalind
Tucano	Tuukan
Uovo	Muna

Universo

Universumi

Asteroide	Asteroid
Astronomia	Astronoomia
Astronomo	Astronoom
Atmosfera	Atmosfäär
Buio	Pimedus
Celeste	Taevalik
Cielo	Taevas
Cosmico	Kosmiline
Emisfero	Poolkera
Galassia	Galaktika
Latitudine	Laiuskraad
Longitudine	Pikkuskraad
Luna	Kuu
Orbita	Orbiit
Orizzonte	Horisont
Solare	Päikese
Solstizio	Pööripäev
Telescopio	Teleskoop
Visibile	Nähtav
Zodiaco	Zodiac

Vacanze #2
Puhkus #2

Aeroporto	Lennujaam
Campeggio	Telkimine
Destinazione	Sihtkoht
Foto	Fotod
Hotel	Hotell
Isola	Saar
Mappa	Kaart
Mare	Meri
Passaporto	Pass
Ristorante	Restoran
Spiaggia	Rand
Straniero	Välismaalane
Taxi	Takso
Tempo Libero	Vaba
Tenda	Telk
Trasporto	Transport
Treno	Rong
Vacanza	Puhkus
Viaggio	Reisi
Visto	Viisa

Veicoli
Sõidukid

Aereo	Lennuk
Ambulanza	Kiirabi
Auto	Auto
Autobus	Buss
Barca	Paat
Bicicletta	Jalgratas
Camion	Veoauto
Elicottero	Helikopter
Furgone	Van
Metropolitana	Metroo
Motore	Mootor
Pneumatici	Rehvid
Razzo	Rakett
Scooter	Roller
Sottomarino	Allveelaev
Taxi	Takso
Traghetto	Praam
Trattore	Traktor
Treno	Rong
Zattera	Parv

Verdure
Köögiviljad

Aglio	Küüslauk
Broccolo	Brokkoli
Carciofo	Artišokk
Carota	Porgand
Cetriolo	Kurk
Cipolla	Sibul
Fungo	Seen
Insalata	Salat
Melanzana	Baklažaan
Patata	Kartul
Pisello	Hernes
Pomodoro	Tomat
Prezzemolo	Petersell
Rapa	Naeris
Ravanello	Redis
Scalogno	Šalott
Sedano	Seller
Spinaci	Spinat
Zenzero	Ingver
Zucca	Kõrvits

Vestiti
Riided

Abito	Kleit
Braccialetto	Käevõru
Camicetta	Pluus
Camicia	Särk
Cappello	Müts
Cappotto	Mantel
Cintura	Vöö
Collana	Kaelakee
Giacca	Jope
Gonna	Seelik
Grembiule	Põll
Guanti	Kindad
Jeans	Teksad
Maglione	Kampsun
Moda	Mood
Pantaloni	Püksid
Pigiama	Pidžaama
Sandali	Sandaalid
Scarpa	Kinga
Sciarpa	Sall

Congratulazioni

Ce l'hai fatta!

Speriamo che questo libro vi sia piaciuto tanto quanto a noi è piaciuto concepirlo. Ci sforziamo di creare libri della più alta qualità possibile.
Questa edizione è progettata per fornire un apprendimento intelligente, di qualità e divertente!

Le è piaciuto questo libro?

Una Semplice Richiesta

Questi libri esistono grazie alle recensioni che pubblicate.

Puoi aiutarci lasciando una recensione
ora a questo link ?

BestBooksActivity.com/Recensioni50

SFIDA FINALE!

Sfida n°1

Sei pronto per il tuo gioco gratuito? Li usiamo sempre, ma non sono così facili da trovare - ecco i Sinonimi!
Scrivi 5 parole che hai trovato nei puzzle (n° 21, n° 36, n° 76) e prova a trovare 2 sinonimi per ogni parola.

Scrivi 5 parole del ***Puzzle 21***

Parole	Sinonimo 1	Sinonimo 2

Scrivi 5 parole del ***Puzzle 36***

Parole	Sinonimo 1	Sinonimo 2

Scrivi 5 parole del ***Puzzle 76***

Parole	Sinonimo 1	Sinonimo 2

Sfida n°2

Ora che ti sei riscaldato, scrivi 5 parole che hai trovato nei puzzle n° 9, n° 17 e n° 25 e cerca di trovare 2 contrari per ogni parola. Quanti ne puoi trovare in 20 minuti?

*Scrivi 5 parole del **Puzzle 9***

Parole	Antonimo 1	Antonimo 2

*Scrivi 5 parole del **Puzzle 17***

Parole	Antonimo 1	Antonimo 2

*Scrivi 5 parole del **Puzzle 25***

Parole	Antonimo 1	Antonimo 2

Sfida n°3

Grande! Questa sfida  non è niente per te!

Pronto per la sfida finale? Scegli 10 parole che hai scoperto nei diversi puzzle e scrivile qui sotto.

1.	6.
2.	7.
3.	8.
4.	9.
5.	10.

Ora scrivi un testo pensando a una persona, un animale o un luogo che ti piace.

Puoi usare l'ultima pagina di questo libro come bozza.

La tua composizione:

TACCUINO:

A PRESTO!

Tutta la Squadra

www.ingramcontent.com/pod-product-compliance
Lightning Source LLC
Chambersburg PA
CBHW082052120626
46553CB00011B/3374